Carmo Evan Editor

Der Test über die Madness

Carmo Evan

2015.01.05

Carmo Evan   Der Test über die Madness

Visuelle Programmierung der Autor

Titelbild der Autor

Überprüfen Iranete Bridges

Do Carmo Evan

Der Test über die Madness

Evan do Carmo - Brasilia 2015. 140 p.

   1. Romantik, Brasilien. I. Titel

     ISBN-13: 978-1523698585

     ISBN-10: 1523698586

Der Test über die Madness

Carmo Evan

2015

Hier ist was Sie in Ihren Händen

Der Test über die Madness

Das Buch Jose Saramago nicht schreiben.

Carmo Evan   Der Test über die Madness

Der Sieg ist nicht der Stärksten, denn für jedes Ziel gibt es eine
Abkürzung.
Die Saramago

Geboren, leben, sterben sind universelle Wahrheiten als auch eine natürliche Folge. Wenn wir sie in persönliche Wahrheit und Kulturfolge machen wollen, müssen wir mehr als drei Verben zu diesem angeordnet, um zu schreiben, und zugeben, dass zwischen den beiden Extremen der alles und nichts Lebendiges einige Geburten und Sterbefällen enthalten, nicht nur die anderen, die irgendwie zu berühren uns oder verletzt, aber unsere anderen: wie eine Schlange, Wir ließen die Haut, wenn sie nicht passen, oder aber auch gekommen, um uns vermissen die Stärken und atrofiamo uns in sie, und sie allein es passiert, auf den Menschen. Eine alte Haut, trocknet, knackig, deckt diese Seiten Schwarzweißfilme, die die Worte und die Räume zwischen ihnen sind. Zu diesem Zeitpunkt würde ich sagen, ich bin wie St. Bartholomäus, Bild, nicht die Schmerzen geschunden. Noch sicher alte Haut Trümmer, aber auf den Fasern der Muskeln und Sehnen der Seile eine fragile Netzwerk erstreckt sich bereits das erste Metamorphose meiner Bombyx mori Personal im Kokon wird aufeinander Leben und nicht den Tod zu übernehmen. Ich glaube nicht, das schätzens Zustand der Puppe: seine Unbrauchbarkeit als solche widerspricht dem Kontinuum, das ist für mich, Flusslebens. (E, jedoch lebt der Puppe) Saramago, der Buchmalerei Handbuch

Opfern uns täglich auf dem Altar der Besonnenheit, damit verlieren wir unser Bestes, existenzielle Freude Teil.

Evan do Carmo, aus im Paraíba in (04.29.64) geboren wurde, ist ein Dichter, Romancier, Schriftsteller, Journalist, Musiker und Philosoph. Er gründete und leitete die Universität Fakos Zeitung. Er gründete und redigierte das Lesen und Critical-Magazin im Jahr 2009. Es hat 32 Bücher veröffentlicht, sein Werk ist in 12 Ländern (zwei Bücher in Englisch, Der Moralist veröffentlicht und loben den Wahnsinn Nietzsche ..) sind unter anderem: The Fel und Mel , poetisch Heresy, Lobet den Wahnsinn Nietzsche, dichterische Freiheit, Emotional Labyrinth, Vermutung, das Gerüst, Stahlzahn, Alma Median, und die Zunge des Feuers. Außerdem beteiligte sich mit vielen Kurzgeschichten in Anthologien. Es war einer der Gewinner von Machado de Assis Wahlen SESC DF 2005. Im Jahr 2007 wurde er in der Kategorie Märchen geschworen Talent 2007 Menschen Wettbewerb Caixa Economica Federal gesponserte neben Marcelino Freire. Im Jahr 2012 schuf er und bearbeitet die Zeitungen: Brasilia Mail Blatt Vicente Pires, Blatt Wansbeck und das Journal of Range. Sein jüngstes Buch ist "Save the Lion". Carmo Evan ist Student der Arbeiten von José Saramago, im Jahr 2015 veröffentlichte das Buch Essay über Wahnsinn, die nach Pila, Portugiesisch Nobel Frau ist ein Buch, dass Saramago nicht im Leben zu schreiben, aber Sie sollten schreiben, wenn er Zeit hatte.

Ein Mann springt von der Spitze eines Bürogebäudes. Im Erdgeschoss gibt es einen großen Lärm, Leute, um sicherzustellen, dass der Tote noch atmete. Dieses morbide Neugier des Menschen in sich selbst ist eine Art von Wahnsinn, all dies geschieht unbewusst Menschen erkennen nicht, die Logik oder Vernunft, bevor sie, wie es gedrückt wird, in der Masse zu finden, was sie bereits wissen. Als ob es möglich wäre, dass jemand einen Fall aus einer solchen Höhe, um zu überleben.

In Anbetracht der Tod des unbekannten, sage ich zu sehen, denn wenn sie mit einem Dantesque Szene vor einer zerschmetterten Körpers konfrontiert, bald nach, wenn sie zurückkehren zur Vernunft und Sinn für Logik, dann sind die anonymen Beobachter kommentierte zueinander. Welcher Wahnsinn! Dieser Mann muss eine dieser Narren, die ziellos im Leben zu wandern ist. Niemand in ihrem normalen Zustand Selbstmord begeht zumindest das ist die wissenschaftliche Beratung des gesunden Menschenverstandes. Denken Sie eine Dame mittleren Alters, der auch schon Kinder haben. Ein anderer Mann, dieser moreno claro, der keinen Sohn oder Tochter hat, ist es Eunuch durch Wahl, fügt seine Stimme dem Chor der absurden und tragischen sagt.

Es ist verrückt, was sonst? - Jemand in der Lage, sein eigenes Leben zu nehmen. Die Welt ist einfach verrückt. Es ist ein Gemeinplatz alles Erstaunen der Leute hier vom Erzähler gesehen, aber vor der Öffentlichkeit Tragödie, mit der wir uns mit einfachen Menschen auf der Szene, weil sie gemeinsam sind ist, weil sie zu diesem Zeitpunkt durch eine Mitte gehen kommerziellen, Menschen bewegen sich oft auf der Suche nach Sicherstellung ihr tägliches Brot. Also diese Leute, das Menschsein und gewöhnliche konnte nicht beschreiben, was sie sehen und fühlen, außer mit einfachen Worten wie diesen. Madness ...Tragödie ... Unsinn!

Die Welt ist so wie immer meine lieben Freunde, diese Absurdität der menschlichen Widersprüche. Diese Bewertung, etwas Wandern, könnte auch der Erzähler, der auch erscheint in der Human- und gewöhnlicher Mensch wie jeder andere sein. Aber wer tut es ist ein Mann, gut angezogen, dass das Kostüm und Wortschatz könnte ein Anwalt, ein Lehrer, oder sogar ein Doktor der medizinischen Gebiet zu sein. Er schweigt, schweigt, was Sie sehen, und obwohl Dienst hat keine rhetorische Leder um sein Argument zur Verteidigung der tragischen Unfall weiter, und wir kümmern uns nicht um seinen Namen oder seine Herkunft, noch sein Handwerk verstehen. Sind die Leute, die verrückt, ziellos sind. Sagte ein anderer Herr mit einem langen Bart, sah er tot ohne irgendwelche Verwirrung oder besonderem Interesse. Leben seinen Sinn verloren. Sagt eine andere Stimme ein wenig aus der Masse heraus.

Aber wir dürfen nicht vergessen, eine sehr merkwürdige Tatsache, die in diesem unserem Trauerszene aufgetreten. Neben dem Körper, unter so viel Verwirrung und Aufregung, es ist ein Hund, der nach einer stillen heulen, während alles ist auf das Ergebnis unserer städtischen tragische Geschichte, dieser Hund bewegen, auch als ungewöhnlich in ihrer Haltung und Gesten, die zusätzlich Heulen könnte weinen, da der Kontext würde uns Grund zu der Annahme, normal zu sein, einen Hund, der schreit zu geben, aber nicht dieser Hund, der Hund Tränen der so viele berühmte und außergewöhnliche Romane, wie gezeigt, dieses unser Test. Dieser Hund heulen bevorzugt, obwohl stumm, für seine besten und attraktivsten Kunststück ist das Lachen. Nun, das ist der Hund lachen, nicht der Hund der Tränen.

Es braucht Mut, um einen unsicheren Weg als Selbstmord zu folgen, zum Beispiel kann nur wenn Narren sind in der Lage, ihm zu folgen. Menschliche und gewöhnliche sollte Angst vor dem Tod, kann man nur Angst vor dem Unbekannten, und in diesem Zusammenhang Beerdigung, die nicht respektiert diese unsichtbare Riesen nicht in der Welt der Vernunft zu atmen. Zwar gibt es diejenigen, die behaupten, dass der Grund, sollte uns zu einem natürlichen Zustand der Annahme führen, und dass körperliche Verfall sollte als normal gesehen werden - der Tod als ein Ende der Geburt zu einem anderen weniger schmerzhafte Realität zu geben. Dies kann jedoch ein tierisch Idee sein, aber jeder glaubt, was zu Ihnen passt. Zu leben, zu leiden und leidet man lernt, den Genuss zu schätzen wissen. Einfache Logik mein lieber Leser, ohne Finsternis gäbe es kein Licht. Allerdings wäre auch dieses Konzept der Dunkelheit und Licht, Gut und Böse, Schmerz und Freude nicht den Test der Relativitätstheorie. Mensch, verloren in seinen Labyrinthen, suche zu verstehen und zu erklären, die das Chaos erfundenen Namen, Wörter, um sich alles um zu erklären. Namen, die nur repräsentativ Symbole dessen, was wir bis dahin unbewußt war. Auch nach der Evolution der Sprache, noch weiter, als ob in einer Art Turm zu Babel zu leben, damit wir weiter, ohne zu verstehen, die gleichen Dinge, die Dinge, auf die wir Namen geben, so haben wir fast immer an seinen Fingerspitzen auf alles eine Antwort oder fast alles. So Namen wie Mitgefühl, Liebe, Wahnsinn, Angst, Erlösung, Urteil, Gerechtigkeit, Vergebung,

Freundlichkeit, Lust, Begierde, Bosheit, Glück, Glück, kurz gesagt, ist ein Aufstand der Verwirrung, die durch Gefühle produziert nicht beherrschen - das ist sein Mensch, ein Universum runaway Expandieren.

Lassen Sie diese philosophischen Wanderungen nutzlos für ein anderes Mal, weil es nicht nur die Aufmerksamkeit des Lesers zu lenken, um dieses Universums, die noch chaotischer als die physische und psychische Verfassung, wo roam verkörperte Seelen dieser Essay auf der Wahnsinn.

Auf der anderen Straßen auf denen Menschen suchen Gründe für einen unerwarteten Selbstmord, weniger als zweihundert Meter entfernt, während eine Menge von Passanten zu sammeln, um den Körper, der aus einer Höhe von dreißig Stockwerke gefallen war, einen außer Kontrolle geratenen Auto bis an den Straßenrand und Hits zu sehen eine Familie warten auf den Bus nach Hause zu gehen.

Die Familie kam von einem Spaziergang im Stadtpark, wo er einmal im Monat gehen. Kinder, die armen Dinger wurden warten gespannt auf das Ende des Monats, um in die Innenstadt, wo wir gingen Hand in Hand in den Zoo zu gehen. Die Kinder liebten spielen Popcorn zum Affen. Der Vater der Kinder, ein Mann von 35, hatte dunkle Haut war nicht schwarz, aber einen Sonnenbrand. Der Mann war ein Maurer, die Mutter zu bleiben-at-home, und die Kinder wurden arme Kinder, die noch nicht wissen, die Gefahren von den Straßen wusste nicht einmal, die in der Nähe von Tragödie, nur ehrliche Armut, die mit ihren Eltern in einem Vorort lebte wusste jeder eine große Stadt irgendwo ohne geografische Bedeutung für unsere Geschichte, wo die Menschen haben keine Namen oder Gesicht oder Adresse, mit einigen Ausnahmen, natürlich, wenn es unerlässlich ist, die abstrakte Schönheit von bestimmten Bildern, die nur Wahnsinn ist in der Lage zu beschreiben zu spielen, dann werde ich sein Gesicht und einige Eigenschaften der einfachen Leute zu sehen, unterwerfen sie, und einige nicht so häufig in Komplizen oder werden Gefangene.

Die Tatsache ist, dass es einen Körper auf dem Asphalt liegen, das Opfer in Verwandtschaft, anonyme Person als alle ausgeschlossen erkannt niemand. Er ist ein Mann, das ist alles, ich weiß, die neugierig, wie auch der Leser weiß, der mir zuhört. Der Selbstmord ist relativ jung, der Staat, in dem sie ihre Kleider zu finden, schmutzig und zerlumpt, können Sie sich vorstellen, dass es ist ein Wanderer im Sterben, Obdachlosen ohne Liebe oder zu Hause, smashing auf den Boden einer Straße fallen breit in der Mitte einer großen Stadt, Schauplatz vieler

Tragödien wie diese, natürliche Sache für unsere Zeit, dass Wahnsinn geworden gemeinsamen Tat, an der Tagesordnung.

Es war selbstmörderisch üblichen Anstieg der Gebäude und springen von der obersten Etage, aber immer noch zu entlocken eine Raserei in Menschen, die zum Zeitpunkt der Herbst verbracht, und das offenbar schockiert lief zu sehen, ob es jemand, den er kannte, war, aber bald zerstreut die Menge der Zuschauer. Allerdings könnte Zeitungen nicht mit dem, was in der höchsten Gebäude in der großen Stadt passiert zu bewältigen, haben die einfachen Menschen nicht, warum, aber Zeitungen werden von den Berichts Tatsachen dieser Art verboten. Einige sagen also, dass Selbstmorde gemeldet dramatisch zunehmen und bald auf eine so hohe Nachfrage, dass der Staat nicht Rechnung zu machen, geben wird kostenlos alle Beerdigungen von anonymen mittellosen oder verrückt wie unsere Selbstmord. Es wäre ähnlich wie bei gewöhnlichen Verbrechen in der Dritten Welt, vor allem in Lateinamerika, wie Vergewaltigung, Mord, Diebstahl und Wirtschaftskriminalität tritt. Deshalb ist es so üblich und attraktiv wandernden Geister moralisch.

Um ein Einkaufszentrum, Finanzzentrum eines großen Kapitals, also vielleicht bald Feuerwehrleute kamen zu reinigen die Straße, muss das Leben seinen Lauf nehmen, und die Toten ihr verurteilt.

Und auf diese Weise der Wahnsinn der Menschen wird immer gewinnen auf den Reflexionen von denen, die normale Menschen sind. Sanitäter wurden nicht genannt, weil es nicht diese Art der tatsächlichen Vorkommen dienen, sie nicht auf Selbstmord verlassen und die Feuerwehr sowie der Heiligen, auch nie in der Zeit um Todesfälle zu verhindern kommen, nie außer in Bücher zu hören, sie Sie haben keine Selbstmord verhindert. Niemand sprach oder schrieb über das Thema, nicht einmal in Frage zu stellen diese Tatsache, warum also nicht eine Art Berufs in den Geisteswissenschaften, die präventive Arbeit zu tun, um die Menschen, die Tendenzen zum Selbstmord zu offenbaren schützen zu organisieren? Man könnte es auch (OPHD), Dachorganisation der menschlichen Patienten. Diese Personen, die sich als Selbstmord Zukunft diagnostiziert wurden, konnte durch das Gesetz von Foca, wobei für die regenerative Behandlung der Grund, ins Krankenhaus eingeliefert. Die Gefahr würde Missverständnisse entstehen, wie in einem "* Alienista" vielleicht wäre es nicht auf dem losen aufgezeichnet, um die Geschichte und ihre Folgen zu erzählen. Dieses Scheitern offenbart etwas faszinierend, muss es die

Tatsache, dass selbst in so genannten menschlichen Organisationen erheblich Reflexionen des Chaos existieren. Lernen Sie, die Tür erst nach gestohlenen ist der Grund, in dieser Hinsicht nicht offenbart, überlegen tierischen Instinkt zu schließen. Allerdings bail tot wäre Unsinn grässliche, auch in einem Aufsatz über den Wahnsinn.

Es gibt keine Ratschläge gegeben, keine These getestet und wissenschaftlich anerkannten, über die Ursachen von * Selbstmord, aber hören depressive Menschen, die starke Trends für diesen Zweck zu offenbaren, können wir daraus schließen, dass einer der aufschlussreichsten Ursachen dieses natürliche Phänomen der Auswahl der Spezies das Fehlen von Bedeutung für ihre Altersgenossen. Wenn sie merken, sie sind nicht mehr so wichtig, Ihre Lieben, dann lösen, um in Ihrem eigenen Leben zu beenden. Es ist üblich, eine hohe Zahl von Selbstmorden durch liebevolle Aufgabe ist es nicht senken die Häufigkeit der Angriffe gegen das Leben, von Menschen gescheitert professionell. Einige konzeptionelle Linien der zeitgenössischen Psychologie behaupten, dass Menschen getötet, oft in Protest, um die Aufmerksamkeit der Welt auf Ihren Rückruf. Allerdings, wenn wir uns in diesem trockenen Thema, finden wir andere Antworten, vielleicht weniger dogmatisch. , Können wir jedoch die Welt der Ideen, um die U-Bahn-Seele zu ermitteln. Aber ich denke, die oft auf vielen Veranstaltungen, die wir je erleben kann. So eine Reise oder Ziel, das die unfreiwilligen Tod, gibt es weiterhin zahlreiche Alters ohne Erläuterung. Mad sagen, dass zu sterben ist gut, während andere, vielleicht mehr wütend, sagen, dass das Leben hat einen Zweck. Sie können jedoch nicht immer zu erklären. Was wir wissen Beton ist, dass niemand hat jemals von Hades * zurückgegeben, von den Toten, Grabstein, zu sagen, wie sie sich auf die körperlose Seelen beziehen, wie sie leben und die leben, als ob es ein Leben, können wir schließen, dass es auch ein Mittel sein, von denen sie sich ernähren ihren spirituellen Körper. Einige Überlegungen wurden durch Dante in seiner absurden Buch The Divine Comedy, dieses Buch, das die Grundlage fast aller westlichen christlichen Glauben, vor allem den katholischen und protestantischen Kirchen wurden aufgedeckt. Was für ein Recht zu wissen, ist, dass das Leben, plagiieren dem Buch Kohelet, sind sich bewusst, dass sie sterben werden, und dass die Toten leben nicht nur zerfiel seine Materialität und dachte, eine Funktion in dieser wunderbaren Welt absurd nicht mehr.

Das Unglück leicht zieht viele Zuschauer, das ist, weil, wenn sie mit Tragödien und Katastrophen, ob Menschen oder natürliche Phänomene, wo menschliche ausziehen wie pobresdiabos, uns nicht viel kosten nehmen unsere kostbare Zeit einige Minuten, um abzulenken konfrontiert die Aufmerksamkeit unserer eigenen Schmerzen, um den Schmerz der anderen trauern. Eine Erklärung für dieses Phänomen psycho, die relativ zu einem gewissen Grad sein kann. Männer sind unterstützende, oft in Schmerzen, als egoistische Freude sind oben, während es keine Heuchelei in seine Wünsche, weil sie so lade nicht, zum Beispiel, unbekannt zu einem intimen Bankett. Und sie nannten verrückt Christi, als er nichts anderes empfohlen. Er sagte, wenn Sie eine Party bist, lade diejenigen, die nicht zurückzahlen können, gehen Sie auf die Straßen und rief Bettler, Kranke und elenden Menschen, die nicht zahlen können Sie zurück in Art.

Compassion, die genaue Bedeutung dieses Wortes in den menschlichen Beziehungen? Ein Wort, das unter seinen Lenden ein übermäßiges Gewicht, eine gewaltige Kraft, die die Etymologie, die ihm auferlegt bringt. Wir sollten ein wenig mehr über uns denken und wie reagíamos gelegentlich. Zum Beispiel, wie man sich bemühen, um zu warnen, dass die Tür eines Fahrzeugs geöffnet ist, und bietet somit die Gefahr einer unbekannten Passagier. Auch die Tatsache, dass sie in der Lage, ins Wasser oder ins Feuer zu springen, um jemanden, der nicht weiß, sie zu speichern. Warum dies geschieht fast alle Menschen? Antworten die Unschuldigen, ohne vor einem aufrichtigen Reflexion. Vielleicht ist die Liebe zum Nächsten durch Mitgefühl. In der Tat haben wir an uns selbst denken, sagen sie, dass dies geschieht unbewusst. Aber ich sage, dass auch sehr bedacht. Der Schmerz der anderen ist stark, der Auftakt zu unseren eigenen Schmerz, natürliche Zeichen, die auch den gleichen Weg, so dass diese kollektive Gedächtnis zu beschreiten, ist, dass Schmerzen das Ende oder das Fehlen von Freude macht uns Angst, und die scheinbare altruistische Anliegen mit unseren Nachbarn können wir vergessen oder sogar teilen unsere Schuld, die Schuld einem qualvollen Bewusstseins. Was wir im Leiden anderer Menschen sehen, ist eine Art der Warnung, dass die menschliche Schwäche könnte bald bringen uns schmerzhaften Auswirkungen, die Erinnerung an unsere eigene natürliche Tragödie, Schmerz, Leid und Tod ohne scheitern. Zu wissen, die Unglück anderer macht uns oft, fühlen sich hilflos, kann auch zeigen, unsere Feigheit und verletzten Stolz zu beschuldigen uns, wenn nicht acudíssemos. Zunächst treten wir für uns selbst, dann durch moralische Nervenkitzel durch die Zuschauer verurteilt. Aber wenn es eine zerquetschten Körper, auf der Straße blutig, verkleidet sich unsere Neugier sehr gut an Einfühlungsvermögen.

Lassen Sie uns daher zurück in die Szene unserer Geschichte.

Aus der neugierigen Menge kommt eine ältere Frau, die über Spaziergänge und kniet sich neben den Körper des Fremden, trauern, wie diejenigen, die seinen eigenen Sohn verloren hatte. Er sagt,. Mein Gott, wie ein junger Mann, was passiert ist, um ihr eigenes Leben aufgeben? Das Leben ist so gut, meine Kinder, ist eine immense Geschenk Gottes. Welcher Wahnsinn ist diese, die halten, dieser Welt genommen hat! Oh! Mein Gott. Oh! Mein Gott, was wird die Mutter von diesem armen Mann sein? Wo würde diese Dame, die uns zu der Erzähler, der in den meisten unerwarteten Charakter so widersprüchlich in Zusammenhang erscheint einführt. Das ist alte Frau hat, warum so viel über das Leben und über die Welt sagen, aber scheint jedoch nur in unbewachten Augenblick eines Erzählers, der um diese Szene zu schreiben, kam praktisch, wie alle Menschen haben ihrer Mutter, konnte diese Frau gut vertreten, bewusstlos und Delirium Weise, die sehr Mutter unseres berühmten Selbstmord. Vielleicht ist diese Stimme wird uns bald nicht mehr zu besuchen, in einem anderen Szenario etwas komplexer und wichtig, um das Ergebnis der Geschichte und der Ursprung unseres Protagonisten.

Ein anderer Beobachter, ein wenig besser gekleidet als die anderen, aber mehr betrübt als die anderen, kommt näher und vor, dass der Körper zu entfernen, fragt der Feuerwehrleute, die bereits den Verstorbenen Reise erschüttert, so dass es um ein kleines Gebet für machen unbekannten Verstorbenen. Er sagt,. Wir müssen die Seele dieses Unglücklichen loben, findet er einen guten Weg zurück ins Paradies. Diese Vorsicht empfehlen oder bestellen Sie die Toten kann sinnvoll nur, damit sie nicht in * Dantes Inferno verloren, Herr der Unterwelt zu bekommen. Der Mann setzt sich mit seinen Gebeten. Oh! Herr, erbarme dich unser. Dieser Bruder, der heute versenden zu Ihnen, war das Opfer unserer unbewussten Bosheit. Wir selbst, wer ihn getötet, mit unseren selbstsüchtigen Art zu leben. Sie können sich entschieden haben, sich durch den Mangel an Liebe und Verständnis von ihren Kollegen zu töten. Oh! Herr, wie oft wir unsere Tür vor der Nase, wie oft wir durch sie gehen, ohne das Kompliment zu schlagen! Nun, meine Brüder, lasst uns beten für diese Seele in Verzweiflung, denn sie findet die ewige Ruhe, mit Gott dem Vater -, die alle seine Kinder übernimmt wieder, ob arm oder reich - verrückt oder normal ... Amen! Dieser

Mann, der aussah wie ein Hirte, denn Vater war es nicht, aber es ist einfach zu ihren christlichen Ideologie zu entwirren, ist es undenkbar, dass die Priester herumlaufen, ohne Soutane oder letzte Ölung oder andere religiöse Handlung beliebig ohne zu tun zahlen sie eine gute Menge an Geld, und Schmeichelei. Vor dem Öffnen der Mund sah auch wie ein normaler Mensch, bei sich trug eine sehr große alte Bibel, wurde bereits in der Region bekannt ist, wurde unter den städtischen Verwirrung zu predigen, aber niemand Zeit, um ihm viel Aufmerksamkeit, mit Ausnahme hatten extremen Fall wie diesem. Der Mann sah nicht das heilige Buch zu öffnen, alle sprachen aus dem Stegreif, könnte er bereits ihre Lobreden dekoriert haben, schien es, dass war für den besonderen Anlass im Voraus aufgerufen wurde. Dieser Mann, jedoch nicht explizit Wahnsinn erscheinen. Machte dieses Gebet laut, sagt Gott, dass Gnade hatten, dass Christian ihn nicht persönlich kenne, wusste nicht, welche Beziehung zu Gott oder assoziierten Heiligen Toten aber wurden jedoch durch die Worte überzeugt zeigte Wissen, dass Gott konnte conduzi- Sie Paradies, wie der Christus mit dem guten Schächer.

Wir sagten, dass dieser Pastor, denn jetzt können wir bereits seinen Rang zu identifizieren in Gottes Armee, der

Tracht und Haltung zum Tod. Bekräftigen wir jedoch, dass dieser Mann schien nicht verrückt. Warum fallen wir in diesem Fehler, denn es ist ein Versuch über den Wahnsinn? Folgt man der Logik hier aus einer anderen Sicht, diese zu Blindheit, also sollten wir eine praktikable Idee, dass jedes Lebewesen, die in diesen Seiten zu atmen, es muss stets auch verrückt sein zu entwickeln.

Egal, wie viele Fehler, die Sie machen einen Mann sterben wird deine Schuld bezahlt haben, oder kann es größer als die Todesstrafe sein? 5Sobre den guten Dieb. Ist es möglich, gut einen Dieb zu klassifizieren, nur weil gelb bei Tod und fragte ein anderer qualvollen, ihn zu erinnern, als er zu seiner metaphysischen Bereich kam? Sein kann. Sagen, dass dies eine gute Dieb war eine primitive Art von Robin Hood.

Nach dem Gebet laut, der Pastor begann ein Murren endlos, ein anderes Gebet, nun fast flüsterte Stimme unendlich lange, denn der Pfarrer konnte nicht seinen Monolog, oder das, was er glaubte, zu beenden, um eine bestimmte Dialog mit der all- sein mächtig.

Der wahnsinnige unterscheiden sich nur in der Gefahr, die jeweils drückt eine besondere Form des Wahnsinns. Gläubige, die sie sehen, Gott, aber, dass die Männer zu ignorieren sagen.

Ärzte, die keinen Tabak Verwendung vorschreibt, sind aber eingefleischte Benutzer von Tabak und Alkohol. Richter, die Gerechtigkeit Fäusten zu verteidigen, aber akzeptieren, Bestechung und offenen Händen, Delegierten, die foltern, um Beweise für unaufgeklärten Verbrechen, Politiker, die Geld von Schulmahlzeiten abzulenken, Kinder, die verbergen, was sie ihren Eltern, Frauen, die so tun, sind zu sammeln mit ihren Männern gefiel, aber

5 In der Bibel der Name des guten Dieb wird nicht angezeigt. Er äußerte die Überzeugung, dass Jesus "wird in das Reich Gottes kommen", und er fragt an diesem Tag wird Jesus erinnern: 39 Einer der gehängten Übeltäter lästerte ihn und sprach: Bist du Christus? rette dich selbst und uns. 40 Als Antwort, aber der andere, strafte ihn und sprach: Haben Sie keine Angst vor Gott, in gleicher Verdammnis? 41 Und wir zwar mit Recht; denn wir erhalten den Lohn für unsere Taten; aber dies hat nichts Unrechtes getan. 42 Da sagte Jesus, denk an mich, wenn du in dein Reich kommst. 43 Jesus antwortete ihm: "Wahrlich, ich sage dir: Heute noch wirst du mit mir im Paradies (Lukas 23: 39-43) zu sein". Die Partitur und Übersetzung von alten Handschriften variieren in Versen 43. Die meisten Handschriften haben "... Ich sage dir, heute ..." 1.

mit ihrem Liebhaber auseinander fallen in Freuden. Sie sind alle verrückt. Und wer nicht einverstanden mit diesem Argument ist zu verrückt, nur für nicht zustimmen.

Sanitäter, über die Straße zu Hilfe für die Opfer der Autounfall, und führen zu einem Notfall in einem öffentlichen Krankenhaus. Da waren Kinder in den Unfall verwickelt, auch bereits auf der Suche Toten wurden genommen, und während der Fahrt unterziehen versuchte Wiederbelebung, aber ohne Erfolg, kamen alle tot im Krankenhaus. Ärzte und Krankenschwestern beklagte den unersetzlichen Verlust, den tragischen Tod einer ganzen   Familie, vier Opfer in all. Auch sie beklagte die Tatsache, dass sie nichts, um ihre Familie zu retten tun können. Die Ärzte sind ganz normale Menschen vor dem Todesfall von Leben und Tod. Unter den Anwesenden war eine sehr erfahrene alte Arzt, ein Lehrer, der versuchte, seine Kollegen und Schüler zu trösten, sagte er. Natürlich ist das alles eine Art von Wahnsinn, wir sind an einem Tag alle verrückt, und wie viele Unglück? Zwei Tragödien ohne Erklärung! Etwas von einer absurden Welt. Der Arzt hatte literarische Kenntnisse, sprach von der absurden Theorie von Albert Camus. Wir sollten nicht überrascht sein, wenn heute   Drop ein Flugzeug auf diesem Krankenhaus und uns alle töten. Der Arzt setzt seine pessimistischen Rede. Cruz Glauben, sagt ein katholischer Arzt, der durch die tragischen Gedanken der alte Arzt erschreckt wurde. Ich meine, es den anderen Tag, als ich von einer Freundin, die viel reisen mit dem Flugzeug zu hören, fliegen viele Piloten betrunken. Nicht erinnern, die verrückt und verantwortungslos Amerikaner, dass Flugzeug fliegen mit dem Sonargerät, das die großen Crash, die mehr als hundert Menschen getötet verursacht? Seine Kollegen waren entsetzt, als er der menschlichen Dummheit zu sprechen, zeigt große Thema kenntnisreich, aber immer mit Geschichten oder Berichte über furchtbar tragisches Ende. Es war wieder ein Verrückter, um den Wahnsinn der anderen zu verstehen vorgab.

Der junge Mann, der sich mit dem Auto auf dem Bürgersteig fort war, war betrunken, wurde von einer Party, wo er getrunken hatte und Drogen zu nehmen Rückkehr, wurde von der Polizei, die sich um in der Region gefangen wurden, wurde der Ort von der Staatspolizei bewacht ihn überhaupt nicht peinlich Sie waren reiche Leute, war der Junge weiß und wurde ein importiertes Auto war auch für die Polizeibeamten, die reiche und wichtige Vater hatte die Antriebs. Kleinigkeit relevant, Auftritte, diese Fälle sind, was wirklich zählt. Bald wird der junge Mann stand vor der Aufruf zu delegieren, um zu erklären, was geschehen war. So mein Junge, wie haben Sie ein solches Verbrechen zu begehen, eine ganze Familie von Unschuldigen zu töten?

Wer ist dein Vater? Sollte keine Familie, um mit hoher Geschwindigkeit Tötung Unschuldiger zu gehen. Um ein Elternteil Ich möchte mit ihm reden, ihm Glückwünsche zu geben. , Sagt der Offizier, über die Ungerechtigkeit des Schicksals, mit dem sollte behandeln empört. Betäubt, aber ohne sichtbare Verletzungen, fragt der junge Mann zu seinem Vater, Anfrage, die bald von Delegierten erfüllt wird, die sich wie eine gute gesetzestreue schien nennen. Obwohl die Delegierten darauf bestehen, zu fragen, warum bei hoher Geschwindigkeit fuhren in einem Gebiet, das nicht mehr als sechzig Kilometer pro Stunde zuließ, weigert sich der junge Mann zu beantworten, sagt, er hat nichts zu sagen, was passiert ist, und nur, nachdem die sprechen Vater kam mit seinem Anwalt. Bemerkenswert ist die emotionale Reife des jungen Mannes, der hier gesagt sein, delinquent, aber diese scheinbare Laufzeit nur zu ihm kam, um Licht nach schmerzhaften Todesfall, als ob die Tatsache, vor der Tatsache hatte, würde nicht hinter das Steuer in einer beklagenswerten Zustand bekommen haben.

Im Krankenhaus, nachdem bestätigte den Tod der Familie werden die Körper in die IML durchgeführt, um zu erkennen, und bestätigen Sie die Ursache des Todes. Der anonyme Selbstmord Körper war schon da, war zuerst da, das normale Tat, ihn nicht mit, die Verwandtschaft beansprucht, auch, weil es den sofortigen Tod, wäre es ein gutes Labor für medizinische Fortschritte sein. Vielleicht ist hier, um diese Tatsache besser zu verstehen, die Ärzte tun, Studien in den Körpern von mittellosen Menschen. Alles in diesem Leben einen Sinn hat, wenn sie nicht mehr am Leben dort dienen, einen Zweck in den Tod zu finden.

Es gibt eine Art von Wahnsinn in der Luft, warum es notwendig war, die Leichen der unglücklichen Armen, setzt dadurch Kinder und ihre Eltern zugeschnitten mehr auf diese Art von Demütigung? Ihre Körper waren mit dem Auto und Bushaltestelle, an der getroffen hatte verstümmelt worden.

Die Leichen der Familie und die Selbstmordattentäter, die aus dem Gebäude gesprungen gemeinsam am selben Tisch mit Aufschnitt-Erblasser im Tod alle gleich sind, gibt es keinen Unterschied in der Behandlung. Aber mit dem Lebewesen unterscheidet. Auf der Polizeistation, kommt der reiche Vater mit einem Anwalt, um die jugendlichen Straftäter und jetzt auch Mörder zu verteidigen. Mein Sohn, was ist geschehen? Er sagt,

der Vater umarmt seinen Sohn, Zuneigung und väterlicher
Sorge. Nichts, Dad. Antworten des Kindes. Ich trank ein wenig
mit meinen Freunden und, auf dem Heimweg war ein Unfall,
aber es war nicht meine Schuld, brach das Auto nach unten
einen Teil, I Steuer, scheiße, Vater, scheiße verloren. Nicht
meine Schuld, mein Vater, glauben Sie mir. Sagt der junge
Mann sehr emotionale Unausgeglichenheit, zu versuchen, das
Vertrauen verlor mit dem Vater zu gewinnen, da gab er sein
Studium in bash bash leben. Es hat sich so widersprüchlich, dass
durch die Delegierten vertreten, der bereits eng verurteilt,
Veränderungen zu stellen und Meinung ist traurig für seinen
Vater ersetzen und stand an seiner Stelle Frage. So sind Sie der
Vater von diesem unglücklichen jungen Mann? Ja, natürlich, es
ist mein Sohn, mein einziges Kind und wusste nie, die Drogen
nahmen und trank so viel.

Wie hat es diese Fatalität passieren? Herrn Delegierten, wie
ein Vater betreibt ein Unglück dieser Größe? Er brachte den
Vater fairen Bedauern, dass Schweigen wurde bald durch den
Aufruf der Delegierten gebrochen. Er tötete vier Personen, mein
Herr, es war nicht ein oder zwei Leben nahm, so gibt es keine
andere Möglichkeit, Ihr Kind ist größer und wird für die
widerrechtliche Verbrechen er begangen verantwortlich sein.

Okay, Delegierter, kann er nicht weiterkommen, liefern seine Kaution und, von jetzt an werde ich ihn vor Gericht zu verteidigen, ist mein Client primäre, einen ständigen Wohnsitz hat, so dass Sie sehr wohl, dass ihn nicht zu halten, kann wissen, . Sagt der Anwalt, der in der Stille jedes Gespräch im gleichen Raum angehört, was zeigt, durchaus bewusst und werden die Gebühren, die die Reichen erhalten soll, natürlich, Teil der Arbeit mit dem Titel. Außerdem Verkehr Verbrechen nicht in unserem Land als gemeinsame Verbrechen betrachtet wird, mit Gefängnis bestraft, wissen Sie mehr als ich, und should're verwendet jeden Tag zu fallen, Menschen, die leider oder leichtfertig überfahren und zu töten, unschuldig. Das ist gemeinsame Sache. Verstärkt den Anwalt, sein Argument, dass der junge Mann für Sein reich und mögliche erste Täter Familie nicht weiterkommen. Wir sagen, wahrscheinlich Ersttäter, weil wir hier nicht zu untersuchen ihre frühen Leben ist jedoch die finanzielle und moralische Zustand, in dem er lebt, wäre nicht unmöglich, haben bereits andere Verbrechen von derselben Natur verpflichtet.

Es gibt hier eine Ähnlichkeit mit dieser kapitalistischen Irrsinn, dass in einem Unternehmen übernommen werden, zum

Beispiel, müssen die Bürger Einladungen und nachweisliche Erfahrung im Portfolio.

Abgeschlossene die rechtlichen Verfahren, zieht der Vater ein Scheckbuch und bezahlte die Kaution, fast ein Vermögen durch die Standards von denen, die auf der Straße gestorben, und hatte niemanden, Kaution zu zahlen, um zu vermeiden, ewige tragischen Tod Geiseln Junge freigegeben mit den üblichen Empfehlungen, sollte das Land nicht verlassen, musste erscheinen vor dem Richter wahrscheinlich auf den Prozess in Freiheit zu reagieren, dass aktiviert wird. Auch nach vier Menschen getötet, nimmt der Vater das Kind nach Hause, ohne Reue, für die Familie, für den Komfort von zu Hause, wo er hoffte, seine trauernde Mutter für ihre Nachrichten.

Niemand hat sich gezeigt, um die vier Körper, dadurch gekennzeichnet, allein die Familie in der großen Stadt, hatte sehr entfernten Verwandten, arm wie sie, auch wenn sie wollte, konnte nicht zur Beerdigung kommen, gab es daher, die sie versuchen, ein angemessenes   Begräbnis liefern . Vielleicht könnte ich die Worte "fair Bestattung," aber der Punkt in Frage, die Aktionen der Beteiligten nicht zu urteilen bedienen, einfach zu beobachten, die Grenzen dessen, was wir wissen, als ein vernünftiges Wesen.

Auf der anderen Seite hatte der Selbstmord keine Frau oder Kinder, nur eine alte und kranke Mutter, lebt in einem Pflegeheim, das auch noch nicht der Tragödie hingewiesen wurden. Wie konnte er benachrichtigt, wenn Ihr Kind war ein anonymer, jemand, wanderte durch die Straßen wie ein Wahnsinniger sein, weit entfernt, wo er lebte, wo jemand gekannt hatte? In den Zeitungen die Nachricht, die nie schließen, kann es ihr einziges Kind, nachdem die Zeitung Nachrichten sind immer unvollständig, vor allem, wenn es um Selbstmord geht, es ist jetzt durch den Leser, die nicht gemeldet sind bekannt Vielleicht lesen. Die Mutter, obwohl er gewarnt wurde nicht über die Mittel, um das Kind Begegnung, nur ein weiterer schlechter bewegen, sterben mit niemand um seine Seele zu behaupten, auch nicht, um ihn seinen letzten Rechte, ein christliches Begräbnis zu gewähren. Aber die Realität ist immer schlechter als Fiktion, wäre es nur das Gebet des lunatic Pfarrer, als Pass mit dem Grab. Ein junger Mann, der schien, etwa vierzig, ein arbeitsloser, daß nach einer Wanderung zum Tage nach einem Job zu sein, und dass es seine wirkliche Grund für das Leben war, die Prostituierte, entscheidet, die ewige Ruhe zu verkürzen. Der Mann halluziniert wurde, war er epileptische seit der Kindheit, sagte er sah und hörte, die Toten. Der

Selbstmord war ein Koch, arbeiten in Restaurants, war sehr talentiert, aber als ich Krise war bald weg geschickt, mehr als drei Monaten nicht arbeiten konnte an der gleichen Stelle. Letzten Beschäftigung traf eine Frau, die in der Liebe wahnsinnig gefallen war, eine schöne Prostituierte, er wollte zeigen sich auf seine Arbeit, die auf einem beliebten Strand im Süden war. Immer am Ende der Nacht, als sie frei war, nach einem Marathon-Programme mit ausländischen Touristen meist Englisch, dann lassen Sie sowohl für Spaß bis zum Morgengrauen, in einigen Dump, wo Ihr Geld realisiert werden, um zu zahlen. Eines Tages, beim Warten auf einen Bus bis zu einem Motel zu gehen, wurden sie von der Polizei, die sie für Räuber hielt und nahm sie zu einer unwirtlichen Gegend, ein Peeling vor der Stadt, schlagen die Menschen und vergewaltigt die Frau überrascht. Sie fielen beide an verschiedenen Orten, so das Fazit von dem Selbstmord erreicht, als er beschwert sich über das Verbrechen zu delegieren, insbesondere durch die sie nicht mehr zu sehen. Warum haben sie nicht auch den Menschen zu schaden, und erst vergewaltigt die Frau? Ich sage, die Sinne, für Sein schöne Frau Prostituierte. Natürlich sehr schön sein kann ein gutes Argument, wenn auch nicht eine Sonnenbrille tragen, war die Frau sehr schön. Vielleicht war es diese einer der

Gründe, dass Sie diesen Beruf zu wählen, so beneidet, um eine Prostituierte zu sein machte. Was halten Sie beneiden? Fordert die Dame, die auf mich hört, aber es gibt diejenigen, die mit mir übereinstimmen, um eine Hündin oder Hure, eine Tatsache, dass hier nicht die Etymologie des Wortes verändern zu können, kann ein Akt der extremen sexuellen Freiheit, die Freiheit, dass nur wenige Frauen auch im Westen immer noch nicht zu genießen .

Der Mann hatte einen Anfall und fiel in das Krankenhaus, natürlich von unbekannten genommen, als die Stadt durchstreift, und es wurde über einen Monat im Krankenhaus. Wenn jedoch von den Schlägen und der Krise erholt, hatte seinen Job und seine große Liebe verloren, ich wusste nichts über das Leben, der Herkunft oder Adresse schöne Prostituierte, wurde die Prostituierte spurlos verschwunden. Wenn dies nicht so selten, die überwältigende Liebe, neigen Liebhaber aufeinander abgestimmt, als ein Pakt des Schweigens, die keiner sollte über das frühe Leben der beide wissen. Selbstverständlich geschieht dies nur in Romanen, es gibt uns einen Hauch von Geheimnis und Rätsel ist immer zu lieben, vor allem wenn es gegenseitige ist.

Der Mann, der schon problematisch war erreichte den Höhepunkt seiner Enttäuschung mit diesem furtuito Veranstaltung. Als er sich entschied, das Gebäude zu klettern und abschreiben Ihr Leben, nicht mehr über Fetzen Klarheit. Die Stimmen hörte, die er sagte, waren die Toten, habe auch gehört, die Prostituierte schreien seinen Namen, manchmal fragen Sie um Hilfe, manchmal chamandoo zu kommen, um ihn im Jenseits treffen intensiviert. Zweifel, wenn Sie Ihre Liebsten hatte sogar starben früher verließ ihn noch mit etwas Hoffnung, aber diese Hoffnung schnell abgeführt, wenn er sich in der Menschenmenge sah, weg von der Mutter, ohne Freunde und Lebensgrundlagen, die Summe aus all diese Mängel führte ihn in einen Abgrund der Sinnlosigkeit und sozialen Nutzlosigkeit. Neben nur verrückt war, war es nicht mehr wert einen Job zu bekommen, denn nicht ohne Ihre schöne Prostituierte leben. Aber die schöne Frau, die hier als Prostituierte erkannt, und wir bestehen auf den Aufbau Ihrer schönen ästhetische Bild, denn wir wissen nichts über seinen Geist oder die Nuancen ihrer Psychologie wissen, war nicht irgendeine Frau, war ein junger Mann von etwa 25 Jahre, obwohl ungebildet war leidenschaftlich intelligent, zu den romantischen Bestrebungen eines einfachen Mannes, der einen Beruf Koch Handwerk hatte, und dass neben arm war sehr krank. Das Mädchen, profane und göttlich schön, war wirklich in der Lage ihn verrückt zu lassen, sowohl in seiner Gegenwart, als auch in seiner Abwesenheit. Es gibt zwei Arten der Leidenschaft in der Liebe zu Land, die Leidenschaft halluzinieren die Zufriedenheit der gegenseitigen Liebe, wie die Blasenbildung Leidenschaft, die das Urteil der Vernunft, die Abwesenheit der Geliebten Objekt verzerrt. Beschreiben Sie die Prostituierten, dafür Erzähler ist nicht keine Hektik, nebenbei bemerkt, ist sehr angenehm, im Gegensatz zu den Prostituierten Sonnenbrille, ein anderer berühmter Essay von der Relevanz von seiner Blindheit, gibt der Erzähler nicht mehr auf Fähigkeiten und körperlichen Attribute vertiefen , dass das wäre die beste Charakter sein, schließlich war es eine Welt, in der alle waren blind. Ich sage fast, weil der Arzt die Ehefrau, hier Adjektiv für seine literarische und menschliche Bedeutung, und sah, dass es dank seiner großzügigen Geist, dass Saramago den Nobelpreis für Literatur. Des Doktors Ehefrau, nach Arbeit oder beides stillschweigend, ist der menschliche Geist, der seiner Art überhaupt, zunächst das kollektive Gut zu bewahren sucht. Allerdings muss ich hier darauf hinweisen, dass dieser Geist ist nicht üblich unter den Menschen aus Fleisch und Blut. Noch auf die Großzügigkeit des Doktors Frau, die zusätzlich zu fahren und zu schützen alle Blinden in einer stinkenden Irrenhaus, sie gefangen, vielleicht, weil er eine weitere Evolutionsstufe ist, verstehen und verzeihen Sie den Verrat an ihren Mann, der alle anderen gefallen Männer dieses faszinierende Geschichte fällt auch wahnsinnig verliebt für die Prostituierten Sonnenbrille. Doch für die Neugierigen, war der Selbstmord mehr verrückt, er die Höhen mit der Absicht, von dort fliegen geklettert war, so dass sie den normalen Beobachter.

Aber wir sollten nicht vergessen, dass es der Wahnsinn liegt die Aufrichtigkeit der Seele.

Bei der Ankunft zu Hause, auf der Suche in Ordnung, nach seiner umfassenden Mutter und ihr sagen, im Detail, was passiert war, der junge Mann, der über die Familie geführt hatten, fühlen sich Schmerzen in der Brust, die Mutter war verzweifelt und werden Sie gefragt, einen Krankenwagen, um ihn zu nehmen in ein privates Krankenhaus in der Nähe. Der Junge hatte innere Blutungen - konnte das Krankenhaus am Leben zu erreichen. Der Vater, verzweifelt, um die Größe der Tragödie, die beteiligt waren nicht verstehen, wie die Suche nach Antworten auf die unbegreifliche, löst suchen Opfer von seinem Sohn, jetzt tot. Zum öffentlichen Krankenhaus auf der Suche nach einigen Informationen über die mittellosen get hit,

Ankunft dort erkennen an, dass alle tot und in der IML in einem anderen Gebäude in die Klinik angeschlossen geschnitten sind, und dass keine in Bezug auf ihre Bestattungen ist.   Mit seinen Einfluss, um reicher Geschäftsmann, können die Körper zu lösen und stellt die Beerdigung von allen. Zusammen Grab Sohn, begräbt der Vater auch seine Opfer.

Die Reichen und unempfindlich Mann von einst, nun stellt großzügige Christian, Wahnsinn nahm seine anmaßenden Geist, dem Schmerz über den Verlust seines einzigen Sohnes, die sich mit übertriebener mime gewachsen war radikal ihre Einstellung zu ändern, sonst niemand kannte, ging von Krankenhäusern und Pflegeheime auf der Suche nach Menschen in Not zu helfen. Er verbrachte den Befehl des Unternehmens, seine geschäftsführender Gesellschafter der ihm vertraut werden geschuldet, sagte, dass von nun an nicht entziehen, um jemand helfen, tat es, um den Schaden, den sein Sohn hatte diese Familie verursacht, als auch als Strafe für die Reparatur nicht die richtige Anleitung zu geben, um das Kind, das aus Mangel an Aufmerksamkeit und Pflege, hatte ein jugendlicher Täter und Mörder unschuldiger Menschen zu werden. Der junge Mann Mutter war krank geworden, bald nach der Beerdigung seines Sohnes, nur aus dem Urteil, begann ich zu vereinbarten Träume zu haben, über die Familie, dass sein Sohn getötet hatte, das neue Leben ihres Mannes ließ sie eine tiefe Einsamkeit innerhalb ein düsteres Herrenhaus, jetzt allein lebte. All dies trug zu, dass es verlor auch das Interesse am Leben. Zu sprechen begann, sich, ging sie an den Rand des Wahnsinns, aber zu Freunden und Nachbarn war schon verzweifelt verrückt. Dann begann sofort zu hysterischen Krisen und verbringen schlaflose Nächte, verschlechterte sich sein Zustand jeden Tag. Auf einer Routine-Beratung mit einem Psychologen, der ein langjähriger Freund der Familie war, wurde nominiert ihn seine Krankenhausaufenthalt in der Tat auf dem schmalen Grat zwischen der Klarheit des Wahnsinns gefallen war, es war verrückt, aber es war verrückt ein wenig fad, da sie bot keine Gefahr für sich selbst oder für ihre Familie. Dennoch, im gegenseitigen Einvernehmen der Familie und der Mann war in einer Spezialklinik für die Behandlung für einen kurzen Zeitraum zugelassen wurden, zumindest das ist, was waren für den befreundeten Arzt soll jedoch nur die Zeit wäre in der Lage, diese Tatsache zu verdeutlichen, wenn in der Tat die Frau recobraria Luzidität oder verschlimmern die tragische desfechou Tod, Selbstmord, wie es üblich ist bei den Narren, nicht nur dieses Romans, sondern von jedem literarischen und

Naturgeschichte. Wir wollen nicht mit dieser Aussage festzustellen, irrtümlich, dass nur Narren Selbstmord begehen, gibt es den Fall von Selbstmord unter großen Geister, große intellektuelle, die sich auf das Leben gab, aus verschiedenen Gründen, ist ein Opfer der Depression oder wegen der Not, die ihre Bedeutungslosigkeit zu tragen Dieses Chaos, das die Welt ist. Viele Dichter verkürzt seiner Ewigkeit, und wir dürfen nicht vergessen, jene Selbstmord, dass durch liebevolle Gründe, durch überwältigende Leidenschaft und unerwiderte oder vielleicht grauenhafte Einsamkeit verabschiedete sich von der Welt der Wehklagen.

Professor, erfahrene alte Arzt, unter vielen anderen normalen anscheinend war es, was die Atmung mehr Klarheit, würde aber nicht entkommen durch den Wahnsinn des gewaltsamen Hunde betroffen. Zuhause angekommen nach einem anstrengenden Pflicht, zu versuchen, die Garage zu öffnen, wurden wir von schwer bewaffneten Banditen, die ihn entführt und ihn in den Kofferraum seines eigenen Auto überrascht, nahm ihn zu einer Knechtschaft am Stadtrand von Stadt. Ein Verbrechen ohne klare Absichten, aber es wird nicht noch sollte es Erklärungen für die unwahrscheinlich zu sein, und um zu sterben, wie sie sagen die Experten des Themas nur am Leben. Ein Arzt lebt scheinbar ruhig, ohne Erzfeinde plötzlich zum Opfer fallen einem aufwendigen Entführung, wäre es wirklich eine erstaunliche Sache, vor allem für diejenigen, die ihn genau kannte. Als seine Frau bemerkt den verschwundenen Mann, der bis zu diesem Zeitpunkt noch nicht nach Hause gekommen, rufen Sie das Krankenhaus und erfährt, dass er früher nach Hause zurückgekehrt war, zur gleichen Zeit, wie er jeden Tag taten. Der nächste Anruf bei der Polizei gemacht. Nach der Belichtung im Detail die Tatsache eingetreten und beschreiben das Profil des verschwundenen Mann, ein körperlich, wo und mit wem er arbeitete, sagt der gequälten Frau. Aber Delegierter zu 24 Stunden warten, ich sage Ihnen, dass mein Mann ist weg, verschwunden ist, nicht nach Hause gekommen, ich glaube, ich wurde entführt, missbraucht oder vielleicht sogar ermordet, müssen Sie die entsprechenden Maßnahmen ergreifen.

Bitte! Ich bin ein Bürger Einhaltung von Gesetzen, zahlte meine Steuern auf Zeit, so dass ich meine Rechte zu verlangen. Calm Damen und Herren, es gibt Gesetze, die in diesem Fall festzustellen, was sollte mein Recht Prozedur sein, kann alles noch nicht zu tun, bis morgen warten, wenn morgen um diese Zeit hat er noch nicht aufgetaucht, so dass ich die Schritte, eine Autorisierung, ruhig, Bitte bleiben Sie ruhig in diesen Stunden ist immer die beste Medizin, schließt die Delegierten, die gleiche wie die betreut Trampeln vitimara einer armen Familie, derjenige, der erhielt auch die Benachrichtigung des Selbstmords vom Stadtzentrum entfernt. Neben weiteren kleineren Veranstaltungen und unwichtig zu unserem Kontext.

Aber das Pflicht, huh delegieren! , Sagt der Polizist, unmittelbaren Assistenten delegieren. Es scheint, dass die Hexe geht noch lose in dieser Stadt der Verrückten. Kein Zweifel, meine Liebe, erleben wir sehr ungewöhnlichen Zeiten, ich habe noch nie so viele Fälle, noch mehr dieser Art gesehen. Das Schlimmste von allem war, dass von den frühen Abend, die schmutziger alter Mann, Kinderschänder. Wie funktioniert ein Bürger 65 Jahre können als krasser als das sein, Kindesmissbrauch, wenn ich könnte, wenn es keine solchen Menschenrechte, auch kurzer führen Sie den Bastard. Sie haben gesehen, Delegierter, der sagte, sein Vater missbraucht, das Mädchen, das drifter angebotenen Süßigkeiten an Kinder über Nachbarn zu gewinnen, wenn sie ging in sein Geschäft, um Lebensmittel zu kaufen? Ja, ich hörte, was mich am meisten schockierte, war die Tatsache, dass er alle Gebühren verweigert, trotz der Beweise und Zeugen, aber es gibt nichts, nicht dort im Gefängnis es wird sich auszahlen, wird die doppelte Übel verursacht erhalten dass Kind. Darüber hinaus, wenn sie ärztliche Untersuchungen, die das Kind, er wird nicht zu leugnen, haben tragen geschickt zu verlassen, dann zu empfangen Gerechtigkeit, was sie eigentlich verdienen. Schade, der Bastard alt ist, wird er keine Zeit, um im Gefängnis verrotten. Sie können Delegierte verlassen, inzwischen werde ich gut auf ihn während seines Aufenthalts in dieser Station zu nehmen. Verstärkt der Agent seine Komplizenschaft mit den Delegierten, zeigt auch wütend auf die alten Pädophilen.

Auf die Expression, im Gefängnis wird er doppelt so böse zu empfangen er die Kinder getan hat, es ist bekannt, dass diese Tatsache kommt weltweit vor, Häftlinge, die irgendwie zu belästigen sexuell Kindern und wehrlosen Frauen, sind mit dem gleichen Maß an Einfühlungsvermögen behandelt werden, sie im Gefängnis wie Frauen verwendet werden, um Menschen, die durch sexuelle Enthaltsamkeit embrutecem erfüllen.

Es scheint mir, dass es eine kollektive Wahnsinn in der Luft, die Menschen haben keine Grenzen. Ich wünsche auch ich diese Dame, die Verschwinden der Beschwerde ihres Mannes gab zu helfen, aber ehrlich gesagt, glaube ich nicht, dass dieser Arzt entführt wurde. soll es gibt, irgend Motel mit einem Arzt oder einer Krankenschwester, Mitarbeiter, vielleicht mit einigen

Studenten der medizinischen Fakultät. Die Frau erzählte mir, dass er, zusätzlich zu den medizinischen, Professor an der Klinik, wo sie arbeitet. I vorgesehenen Informationen über das Profil Ihrer Mitarbeiter. So kann es sogar sein, fügt Maria geht mit dem anderen Mittel. Muss einen kleinen appetitliche Mädchen und gut cutesy fur Medizinstudenten. Er schließt seine These, die Idiot Mittel. Dann ist es das Gesetz, das kann ich nicht gegen sie, nur weil es den Besitz der Menschen geht, was Sie denken? Das ist richtig, sehr richtig, Chef. Antwortet der smarmy Mittel, was die Niederträchtigkeit eines sklavischen Seele.

In Gefangenschaft in einem stinkenden Bett zwischen vier schmutzig und holprigen Wände in einem Raum von drei Quadratmetern gebunden, entführt der Arzt versuchen, einen Dialog mit ihren Peinigern, die auf der anderen Seite der Tür waren, um den Druck zu verringern, die gelitten zu etablieren die Unsicherheit ihrer geistige Unversehrtheit. Eine fast tödliche Stille wird durch diesen Worten gebrochen. Meine Liebe, kam deshalb zu mir zu entführen? Logo für mich, dass ich kein Geld oder Waren, es zu tun. Ich bin Arzt des öffentlichen Gesundheitssystems, und Universitätsprofessor, ein gescheiterter Staat, was wenig Gewinn, meine Freunde, kaum geben meine Laster Kaffee und Lesen, und ein Whisky von Zeit zu Zeit. Masters muss, um mein Haus geirrt haben, damit es über mich. Halt den Mund Arzt, wenn wir nicht einen langen Schlaf schlafen wollen. Sagte eine heisere Stimme auf der anderen Seite der Tür war geschlossen, zeigt wenig emotionales Gleichgewicht. Doktor ist ruhig, wir sind nur die Erfüllung von Aufträgen von oben. Antworten eine zweite Stimme, die immer noch zeigte weniger ruhig als die andere heisere Stimme, die vor gesprochen hatte. Als Befehle von oben bittet den betroffenen Arzt, aber bald fällt auf alle die gleiche Ruhe wie zuvor. Wohnzimmer einen inneren Konflikt, der Arzt versucht, in den letzten Handlungen zu finden, einige logische Erklärung in der Lage, alles, was Wahnsinn, der ihn getroffen aufzuklären. Ungewöhnliche Annahme, dass jeder Mensch ist es, für die Übel der Welt verantwortlich, vor allem diejenigen, die ihn widerfährt, es wäre wohl Grund genug, diesem Arzt anscheinend sehr edlen Menschen wurden durch eine Art von Gerechtigkeit erreicht, die keinen weg mit den meisten Handlungen sein Geheime Männer. Es gibt ein Sprichwort, Idiot, beliebt, sagt er, dass wer auch immer Picks nie vergessen, beim Schlagen vergessen schnell, wie sie weiterhin anderen zu schlagen. Die Praxis des Bösen, zu oft wiederholt werden, unbemerkt vom Autor selbst. Viele Szenen wurden in der Vorstellung des alten Arztes nochmals besucht, und jedes Bild in Erinnerung, dass heute, in seiner Ansicht, es schien nicht so edel, in der Nähe auf ihn Schüttelfrost und Gewissensbisse. Ist das der Grund oder das, was sie durch Menschen getan oder unterlassen, dass ich nun von Gott bestraft haben,? Er dachte, der Arzt sollte ein gelehrter Mann diese Art von Gedanken der Reue nicht zulassen. Der Arzt wusste James Gesichtsausdruck, Halbbruder von Christus, der sagt Gott nicht beweisen, oder jemand zu verurteilen, sind die Handlungen und Gedanken der Menschen, die sie zu verurteilen oder absorbieren. Wir dürfen nie vergessen, ein nicht-relative Wahrheit. Alle Weisheit, die seit Jahren sammelt schärfen Studium und Erfahrung in schleicht durch das Fenster, wenn wir uns auf das Unwahrscheinliche zu kommen.

Der Arzt versuchte sich zu erinnern, vor allem in seiner Phantasie, in seinen literarischen Erinnerungen, wenn vielleicht es eine Falle war, war es Kurzgeschichte oder Roman, eine Tat ähnlich, was zu ihr kam, besuchten die russischen Klassiker, die Französisch, die epischen Romane, die verdammten Gedichte, aber nicht seine Rätsel aufgeklärt, es war etwas einzigartig in seinem Martyrium jedoch viel Forschung nur einen ähnlichen

Fall mit ihr, in Kafkas Buch The Trial, wo ein Mann in einer imaginären Gefängnis führten finden konnte, eine Studie, in der er nicht weiß, den Inhalt ihrer Beschwerde, konnte aber nicht als Vorbild dienen, seine faszinierende und peinlichen Fall zu entwirren.

Der unerwartete befällt alle Narren und die Weisen, das Rennen ist nicht auf den schnellen, denn es ist eine Abkürzung für jedes Ziel. Aber was kann man Art unwahrscheinlich? Einsatz unwahrscheinlich es ist, dass wir nicht erwarten, und wir wollen nicht akzeptieren, dass die uns entweder in Träumen oder Wahnvorstellungen passieren. Wir haben eine unterschiedliche Logik der anderen, unsere Handlungen, regeln dann, wenn wirklichen Tatsachen widersprechen dieser Logik finden wir uns verloren, obwohl wir wissen, dass es nur eine universelle Logik, Chaos und die ewige Wiederkehr stellt sich daher für uns, jetzt und dann, was Wir nennen unwahrscheinlich.

Es gibt eine plausible Hypothese, zu den stillen Banditen, können wir etwas über ihre sehr unterirdischen Rohrleitungen schließen, oder wäre es nicht sexuell missbraucht entführt? Die Annahme, dass Wahnsinn wird auf verschiedene Weise präsentiert, ein paar verrückte Entwicklung verschärft sexuellen Appetit, was die Sinne Rate von tierischen Instinkt, kann nur eine Art moral insanity, eine natürliche Variation der Lüsternheit zu sein. Die Natur hat einige Tier Wünsche und unterschiedlichen Bedürfnissen, was kann für einige Menschen absurd, für andere ist es scheint nicht unnatürlich dotiert. Die hier diese Erzähler nicht so tun, allgegenwärtig zu sein, obwohl es Wesen, allwissend, aber falls gewünscht, den Leser in einigen Nischen, die auf der Finsternis bleibt führen würde, um andere Geheimnisse über das frühe Leben unseres Zeichen ohne zu entwirren zugewandt ist. Wie Kafka, der Schöpfer der absurden und unfertige Geschichten, werden Pits auf die Sehenswürdigkeiten und den Verstand der Leser geöffnet werden, werden nach dem Ermessen zu sein, zu entscheiden, ob oder nicht, um zu erforschen. Wir dürfen nicht in die Tagesordnung fallen, zu behaupten, dass die guten Spieler ist jemand, der, wie er es in ein Buch zu lesen war, zu schreiben ein weiteres Buch parallel zu dem, was das Lesen, bevorzugen wir sagen, dass der gute Leser ist immer derjenige, der uns die Ehre des Lesens , was wir produzieren, die oft in der Arbeit, manchmal verrückt Eitelkeit, manchmal sogar durch ökonomische Notwendigkeit als Mittel des Überlebens, denn wenn auch in Anspruch genommen wird sowohl, dass niemand Literatur zu leben, finden wir oft Schriftsteller, gewidmet sind

Nur das Schreiben und dass dieses Schreiben als Handwerk zu machen ihren Lebensunterhalt. Als für das Ergebnis wird immer unterschiedlich sein, nimmt jeder in sein Universum, was Sie prouver.

Sagt, sagte etwas sehr beliebt, von der herrlichen Don Quixote aufgenommen, mit verrückt nicht diskutiert, es sei denn natürlich, wenn wir noch verrückter sind als er. Ich gebe eine Illustration zu aktuellen Wahnsinn in diesem Zusammenhang mensurarmos. Sodom und Gomorra, zwei Städte der Antike, die nach den biblischen Text, wurden von Gott zerstört, weil sie erreichen das krasse Dummheit, vor allem auf dem Gebiet der Moral und guten Sitten. Wenn zwei Engel in die Stadt, um Lot und seine Familie zu retten, kamen die Männer der Stadt, wie es Brauch war, rückten sie sexuell zu belästigen die Gesandten Gottes. Lot, in der Verzweiflung oder in einer Art verrückt, dass auch Freud war nicht bewusst, schimpfte seine Zeitgenossen sagen, dass sie keinen Schaden zu den Menschen verursacht werden, weil sie seine Gäste waren, und im Namen der gute alte Gastfreundschaft angeboten, ihre Töchter im Austausch Ehren des unbekannten Besuchern. Der heilige Text sagt nicht, ob die gewalttätigen Mob und sexuell verdorben hat die Töchter Lots als Belohnung akzeptiert oder nicht, in der Tat, sagt er, dass sie nicht zu schätzen das Angebot, aber es überstreicht, dass die Engel nicht sexuell belästigt, vielleicht nicht den Menschen schockieren

Es gibt eine andere Theorie, die nicht wissenschaftliche Diskussion für eine andere Zeit. Was wir als Grund kann ein Ausbruch gefährlich für Tiere zu sein, in den frühen Tagen der Evolution oder der Wahrnehmung der emotionalen Intelligenz, einige stärker als andere, also der intelligentesten Menschen, diejenigen, die leichter zu meistern können Ihre Paare, die aktuelle Sicht wäre es immer die kontaminierten Tier, eine, die ein höheres Maß an Wahnsinn bewahrt, sie als Grundlage für dieses Argument etwas unwiderlegbarer wahrgenommen wird, zu sein, ist die Tatsache, dass der Instinkt des Staates, obwohl der Mann Brutto, gab es keinen Vorsatz und Prädisposition für das Böse. Wenn wir Russell, Nietzsche und Lacan in der gleichen Gericht hinzuzufügen, sehen wir, dass diese These ist nicht so absurd.

Lassen Sie den Arzt in seiner Gefangenschaft und die Geschichte seiner unglücklichen Romanze mit seiner besten Studenten für einige Zeit unterbrochen, da das Wetter hier ist der wenig oder gar keine Bedeutung. Wie bereits gesagt wurde, aber es schadet nie, dies zu wiederholen, dass es gut verstanden, wie es das Sprichwort, dass die Wiederholung ist die Mutter der Retention, der junge Arzt, der Braut Geschäftsführender Gesellschafter, auch anonyme Person in diesem Drama zu sehen Bedeutungslosigkeit seines Namens, aber die Bedeutung ihrer Handlungen, werden dem Pantheon der Unsterblichen kommen, sagen die Reihen der Irren, der vielleicht verrücktesten und widersprüchlichen aller Seelen, die auf diesen Seiten zu atmen. Sie hat nicht viel in der Farbe, die durch den Medizinprofessor Verschwinden geschockt worden war, hatte natürlich seine Gründe, konfrontiert den Vorfall als normal, trivial, gewöhnliche, sogar Witz darüber, was in seinen Kollegen etwas seltsam, aber, dem Bräutigam entgegen, löschte ihren Klauen zu verteidigen, was sie innig vermutet.

Wie war dein Tag im Krankenhaus. Fordert den Bräutigam, die Sanftheit und eine unverhältnismäßige Zinsen, ungewöhnlich für die Kleinheit seiner schleichenden Seele, nicht zu tun, diese Art der Frage verwendet, nicht empfindlich genug, dies zu tun, verurteilte diese untypische Haltung bald Hintergedanken, denn wie wir wissen, der junge Arzt war keine gewöhnliche Person, die Art von Frau, die Übertreibungen Behandlung genießt. Es war normal, außer dass sie mein bester Freund, unser Lehrer, dass die charmante Sir entführt, gibt es Aufenthalts an ihn erinnern? Ja, äh ich weiß, aber auch, Entführung? Ich habe gelernt, über das Verschwinden einer wichtigen, aber ich erinnere mich nicht, hören nichts über die Entführung. Ich bin es, es war die Entführung zu sagen, aber die Polizei habe keine Ahnung über den Fall sind wir für Nachrichten warten, ich hoffe, dass sie gut sind. Er sagt, das Mädchen, das Kälte und emotionale Distanz. Auch ich liebe, ich hoffe, sie seinen alten Freund am Leben zu finden. Sie wissen, gibt es Fälle, in denen auch die Zahlung des Lösegeldes sie die Opfer zu töten, um das Verbrechen, nicht eine Spur besser zu verbergen. Sagt der selbstlos Manager. Was ist das? Sie werden nicht mein Freund zu töten, er hat keine Feinde. Guter Mann, gut, und wurde möglicherweise versehentlich verschleppt haben. Dann ist er nicht alt, ist ein sehr interessanter Mann, wissen Sie, dass ich es war nicht die Braut mit ihm leicht zu bleiben. Sie sagt diesen Satz mit einem Lächeln entredente, eine Tatsache, die nicht durch den Bräutigam entfremdenden bemerkt wurde. Beendet den Dialog beim Schließen der Autotür und erreichte in seiner Wohnung im Süden, wo der Bräutigam verwendet werden, um nicht wegen ihrer Mitbewohnerin eingeben.

Der Manager war sehr voreingenommen, trotz leben necken die Braut Mitbewohner oder eine Wohnung zu ändern, gab sie nie ihr Ohr, sagte, dass, obwohl seine Braut, jemand hätte gedacht, zu heiraten, er wird nicht ihm das Recht geben, eine Stimme in seinem Privatleben oder wer sollte oder nicht leben sollten. Die medizinische teilten eine Wohnung mit einem anderen Freund, der in der Nacht nicht in der Schule trafen, war sie eine sehr schöne Frau, die Programme so wurde und lebte in der Großstadt, wo er hart gearbeitet, um zu helfen, die Familie in lebenden. Ihr Zimmer Freund war zu schön, um den Normen einer Studie an Wahnsinn, in dem der Erzähler nicht phantasieren, über die Grenzen der Logik, seine theatralischen Träumerei. Aber es gibt noch vergeben werden, schließlich gibt es immer etwas Vernunft im Wahnsinn und Schönheit, und es aus der ganzen Literatur kommt Schönheitsspitzen im Text zu erreichen, und ist konsistent und relevant für den Zusammenhang jeder Extravaganz gültig ist. Die Prostituierte, da schön und intelligent fehlte es nicht an die Kunden, eine unabhängige Prostituierte, die nicht zu erhalten oder Zuhälter, wie es von den meisten Menschen bekannt ist, hatte jedoch die Fiktion gibt uns zu einem gewissen Grad verändern die Realität der Tatsachen, um die Welt zu zieren Echt wo die Dinge sind nicht immer fair. Die Intimität, die entwickelt und Grad der Komplizenschaft, die manchmal den Arzt Freund lud auch zu Ihnen, um die Aromen eines weltlichen Lebens zu begleiten, zu wissen, wie das Leben in einem Luxus-Prostituierte war. Die Einladung wurde mindestens einmal akzeptiert. Eines Tages, in der Tat während einer Krise zu Beginn der Beziehung, wenn die Eifersucht war die dritte Person in der Beziehung mehr vorhanden ist, der Arzt für einen Tag angenommen, das Abenteuer des Lebens die Phantasie, die Frau eines anderen, in diesem Fall ein Fremder im Austausch für ein paar Dollar und eine Menge Adrenalin, sowie das Adrenalin für das Geld. So hatten ihre Chance, eine andere Existenz zu leben, war dieser extravaganten Erlebnis sobald wir Hinweis unten sehr gültig. Vorher hatte jedoch die Garantie der erfahrene Freund, der etwas sehr einfach, schnell, ohne weitere Folgen sein würde, weil der Kunde würde einen sauberen, höflich und großzügig Fremden, die gut zahlen und sie nie wieder sehen werden. Das war genug für sie, die nicht genutzt, um Gewissensbisse haben, solch eine Erfahrung war das Risiko wert, obwohl in diesem

Fall das Risiko vernachlässigbar war, die ihren Mann dieses Abenteuer zu erzählen würde? Es ist aufgefallen, dass viele Handlungen, wenn sie ohne das Wissen derer, denen wir verdanken Zufriedenheit, hat dort nicht die gleiche moralische Gewicht. Es ist daher ein weiterer Idiot sagen, was die Augen sehen nicht, das Herz nicht fühlen. Die Tatsache ist, dass es die Augen, die kein Herz.

Redefiguren sind die ineffizientesten Dinge, von Dichtern und Weisen der Vergangenheit erfunden, sind so ineffizient, da bestimmte Adjektive nicht der Wirklichkeit entsprechen. Diese Schlußfolgerung oder eine Idee, die das Herz, das glaubt, hat keine wissenschaftliche Unterstützung für Schopenhauer, ist das Auge zuerst das Gefühl, und ist das Gehirn, in der Tat ist, die sehen und fühlen alles, diejenigen, die Bilder außerhalb des Nerven Wahrnehmung zu erzeugen, Kurz gesagt, sind wir einfach nichts, so dass dieses Detail der Klarheit, die nichts anderes als die psychische Gesundheit, die so wichtig ist, zu wissen meinen, über Recht und Unrecht, es ist leicht in Frage alle Moralvorstellungen zu setzen ist die Perspektive der Relativitätstheorie. Wie wir wissen, lebte der junge Arzt in seinen frühen Zwanzigern, Erfahrungen, dass viele Frauen 40

Jahre überhaupt gelebt hat oder leben werden - wusste genug Leben, um zu konventionellen Regeln zu unterwerfen.

Das reale Leben ist auch verschieden von Räuspern Bücher, vor allem Romane Literaturnobel, einige sind sehr erfinderisch, und die Klage die Menschen sind diejenigen, die eine unwirkliche Welt zu erfinden, die Situationen zu schmieden THAT nie Teil sein könnte, unsere sinnlichen Wirklichkeit, einige Zeichen, die bei weitem nicht der tatsächlichen Entwicklung menschlichen Seele darstellen, Frauen, Vertreter einer moralischen vorstellen gerade gesunder Menschenverstand. Andere bringen im Wesentlichen die pseudo menschliche Fähigkeit, zu überwinden, zu unüberwindlichen Herausforderungen zu meistern, atmen Sie innerhalb eines Textlogik, mit beleuchtetem Adjektive, aber kann es nicht geben Flügel zu denen, die geboren wurden, um auf dem Boden zu gehen, diese lyrischen Täuschung, mit dem Ziel, zu machen realen Poesie, nicht die Seelen, die geschüttelt, um ihre natürlichen Wunden konfrontiert werden müssen, zu ernähren. Das Leben ist schwer, die Leute sind total anfällig für die Kontrolle ihrer eigenen Selbst Bedürfnisse, rufen Sie die verrückten Wendungen, die einige beschließen, in ihrem Leben zu geben, aber was wahr ist in den Menschen ist eine wahnsinnige Lust zu wissen, um Testen Sie Ihre Grenzen. So können wir die Reaktionen von Menschen nicht vorhersagen, da sie nicht in jeder Situation schwierige Wahl unterzogen.

Wir werden daher das Verhalten des jungen Arzt, der auf dem Höhepunkt seiner Suche nach verschiedenen Emotionen ist, weil wir nie das gleiche, als sie tat Frage zu stellen? Wenn wir denken, so kann es sein, dass wir nie auch nur einen Augenblick, Mensch. In der Theorie, der Mensch ist schwach und unfähig, mehrjährige Verhalten, haben Wertvorstellungen, die die Menschheit bisher erlebt nicht um mehr als eine Generation ratifiziert. Wir leben in Zyklen, änderten wir, wann immer es erforderlich ist, anzupassen, hatten das Glück, geboren werden und sterben, ohne ihre Gewohnheiten, kulinarischen Geschmack und sogar sexuellen Vorlieben zu ändern wenige Männer.

Dann der Bräutigam noch nicht einmal gekommen? Spielen Sie die Prostituierte mit medizinischen Freund. Nein, Sie bereits wissen, wie es ist schwer, den Kopf. Antwortet der Arzt lachte sarkastisch Bräutigam, zusammen mit der Prostituierten. Es gab eine singuläre Komplizenschaft zwischen den beiden weiblichen Seele, Leben und Hintergründe so vielfältig. Ich weiß, wenn ich Ihnen ein Stück verhängt. Welche Art von Stück, du bist nicht an schmutzigen, nicht wahr? Nein, aber wenn Sie wollen, dass wir bereit für diesen einen goofball, verdient sie es, die aufgespießt wird. Nein, nicht schon wieder, nur, schließlich habe ich loyal zu sein, nachdem all'm werde diesen Dummkopf zu heiraten. Was auch immer Sie sagen, ihr der Bräutigam, wenn es mein Know waren wie sie damit umgehen. Können Sie sich vorstellen, wenn er wüßte, daß du Lehrer Arzt Liebhaber? 're verrückt? Es wäre zu saugen, der Lage wäre, aus Eifersucht töten, nicht mich auf, sondern den, das arme Ding mein Lehrer Freund. Ich kenne das Gefühl, das Horn immer zieht es vor, ihren Geliebten zu töten, um mit seiner Frau zu sich selbst zu bleiben. Armer Kerl, glaubst du, dass du noch Jungfrau. Virgin, ich? Natürlich nicht nur, wenn sie wie die von Garcia Marquez. Was? Fordert die Prostituierten und enthüllt seine literarische Unwissenheit. Nichts lieben, egal, sagen Sie mir, es gibt, wie es letzte Nacht war, scheint es, dass war gut für Ihr Gesicht müde. Fragt der Arzt, der immer zeigten großes Interesse für das schwierige Leben einer Prostituierten Freund. War normal, reagiert sie auf unwissentlich prostituieren enthüllen intime Details aus ihrem Nacht Begegnung. Wäre das nicht, was Sie mit Ihren Kunden zu praktizieren reserviert werden, aber an diesem Tag gab es etwas Besonderes, sie war nicht gewillt, die Freundin zu verstecken. Ich ging mit einem Polizisten, der mir eine sehr seltsame Geschichte erzählt. Was? Ich sprach von den letzten Ereignissen seiner Zone Mädchen war so beeindruckt, mich diesem Fall lange, bis ich eingeschlafen, oder auf der Straße, wo ich jetzt gehen Ich sehe so viel Gewalt. Was war wirklich, was er Ihnen gesagt? Oh, Mädchen, erzählte mir von der Entführung von Ihrem Lehrer Freund. Ernst, aber er wollte nicht mir zu sagen, denn er sprach? Natürlich nicht, Freund. Auch sprach von einem Selbstmord, eine Mutter, die sich von einem Gebäude im Zentrum der Stadt sprang gibt, aber das hat mir nicht Details, sagte, dass niemand kannte den Mann, nur, dass wurde in einem Armen begraben. Auch sprach von einem alten Pädophiler, ein Mädchen von sechs Jahren, ein Unfall eines Treffers missbraucht, sagte eine daddy boy stand ein reicher Junge auf einem Bürgersteig mit einem importierten Auto und tötete eine ganze Familie, Vater und Mutter und zwei Kinder. Aber diese sind alle Ereignisse der letzten Tage. Komm schon, was für ein Wahnsinn, was hast du gesagt? Möchten Sie weitere, mehr als das? Er sagte, dass all dies geschah nur ein paar Tage hier. Oh, auch, sagte er mir, dass ein Mann beging Selbstmord, sprang von einem Gebäude in der Mitte da, aber dieses Detail nicht kannte, hatte keine Familie oder Freund, aber das ich gesprochen hatte, ich denke schon. Ich war, ihn wieder zu treffen, ich sagte, ich wollte wissen, die Fälle zu entfalten, aber natürlich war es nur die Entführung, die mich interessierten, ich habe nichts zu vermuten. Er sah sehr gute Leute, ich versprach, dass das nächste Mal, wenn wir uns treffen werden Nachrichten über Fälle, die mir gesagt haben, vielleicht sogar dein Freund. Pflege huh, kann sehr gefährlich, mit der Polizei gehen können, die Sie in dieser Nacht, dass du vergewaltigt wurden nicht vergessen haben, erinnern Sie sich? Nein, natürlich nicht, aber das ist die Zivilpolizei, ist gut ausgebildet, im Gegensatz zu jenen Tieren, die mir, mich und meinen ... Vergiss es, ich will nicht, um es zu erinnern, beleidigt haben. Brauchen Sie, um zu sehen, wie dieser Offizier ist intelligent, es scheint dir. Ich denke, bis er gelogen, als er sagte mir, es war nur ein Polizist, er ist nicht ein Delegierter, diese wichtige, dachte ich, und wenn ein Delegierter, hm? Es kann trotzdem sein, wenn ich Sie wäre mehr Vorsicht zu haben. Slow down Baby. Das nächste Mal, wenn ihm zu treffen, fragen Sie über diese Dinge, die noch weiß, dass er nicht sagen. Haben Sie jemals gedacht Freund, Herrin ich von einem Polizisten. Ich glaube, ich mochte ihn sogar. Es ist! Und Ihre gegangen Koch, dachte plötzlich scheint es, wie es sein wird, wenn Sie bereits mit einem anderen Mann beteiligt, darüber hinaus mit einem

Delegierten? Mein lieber Koch, sollte diese nicht mehr angezeigt, es war sehr krank, wenn Sie die Polizei Verbrecher entkommen sind, können in einem öffentlichen Krankenhaus gestorben, spielte wie streunenden Hund. Wie war Ihr Koch, hinterfragen die Arztschonende und einfühlsame Weise. War eine liebevolle Person, das Sorgen, Sorgen um mich, ich würde nie jemanden so gut, wie ihn kennen. Er war großzügig, verdienten weniger als ich, ein Elend, das in einem Monat gewann ich nicht bezahlen konnte eine durchzechten Nacht von gewinne ich einige Kunden, aber immer darauf geachtet, mir Geschenke zu geben, und bezahlen Sie für das Zimmer, um mir anbieten unvergessliche Momente, Zeiten, in denen ich nicht so tun, Freude zu empfinden. Wir hatten Nacht war ich nicht bereit, aber er über meine mangelnde Lust auf Sex mit ihm manchmal war erschöpft, müde von diesem Leben nie beschwert, so dass er nur gab mir Zuneigung, ohne Anklage, dann verbrachten die Nacht nur reden, als ich nicht schlafen, so müde. Es war ein Heiliger, das deine Koch, sorry Freund, aber ich wusste nicht, gab es Menschen. Okay, mich nicht beleidigen, aber es ist wahr. Ich weiß, dass er nur in Bezug ihrer Mutter, alt und krank war, aber sie war nicht für sie sorgen konnte, lebte sie in einem Pflegeheim. Mein Koch war intelligent, auch ohne Studie erwies sich als ein sehr entwickelt und empfindliche Person. Welche Krankheit hatte er? Fragt ihr Freund verkleidet die Tränen, durch die Anzeige der Zuneigung, dass singuläre Seele, in der Lage, alle Dualität der menschlichen herrlich offenbaren bestürzt. Es war Epileptiker, war das, was er mir sagte, was er sagte zu den Ärzten, die ihn in Krisenzeiten hatte er besucht. Sie sagen, dass Epileptiker sind alle sehr smart, ist es wahr? So zumindest die Autoren, die ich kenne und die epileptischen waren, sind alle unvergleichlichen Genies aber, die behindert das Genie ist Eitelkeit, daher sah Götter. Was? Nichts, das Denken selbst. Sie fragte mich nie, was seine kranke Mutter kann mehr von ihm wissen? Nein, ich habe nie darüber nachgedacht, dass Sie recht haben, aber wie es zu finden? Es wird nicht sehr schwierig sein, es gibt nicht viele Häuser in diesen Tagen, höchstens zwei oder drei in jeder Stadt, mit dem Fortschritt der Medizin verringert die Notwendigkeit für einen Krankenhausaufenthalt psychisch krank. Sollten wir versuchen, seine Mutter zu finden? Natürlich mindestens Streifen Zweifel daran, was passiert, um Ihre liebe Koch. Wenn Sie wollen, kann ich mit dir kommen, können Sie mir auch sagen, die Adressen von Pflegeheimen, nicht zu kompliziert sein, das Krankenhaus vielleicht kann mir jemand dabei helfen.

In der Gefangenschaft, ging der Arzt in letzter Instanz der Vernunft, hat zu allen Gerichten des theoretischen Wissens über Männer appelliert, Umsicht Sie die Tür Risse, weil die Kabine, wo er kein Fenster hatte verlassen hatte. Nach ein paar Tagen ohne Essen oder Trinken von Wasser, auf der halluzinatorische Wirkung von Hunger, in Verzweiflung, Stimmen zu hören oder zu sehen Schatten einer Seele, der Arzt gedacht, um von denen, die die Vorteile von ihr Wohlbefinden zu nehmen waren vergessen worden zu sein, nach dem wert wäre eine tote entführten? Fühlen starke Kopfschmerzen, es ist nicht bekannt, ob sie waren wörtliche, durch den Schlag, verursacht die Kraft, die im Kofferraum des Autos gesetzt werden, oder waren Schmerz der psychische Druck, Angst, Hunger und Durst verursacht. Unnötig zu sagen, war der alte Mann ein Mann sauber, das ist immer ordentlich, rasiert und parfümiert war, die aber jetzt schien ein stinkenden Lappen und das war auf dem Bett, die Kleidung selbst, ihre physiologischen Bedürfnisse, mit anderen Worten, urinierte und defecated ohne Änderung der Position, das war die schmerzhafteste.

Sie sind hygienisch Anliegen, die uns zwischen Mensch und Tier unterscheiden zu machen. Während Wanderungen, wie in einem Alptraum des Todes träumte, wurde sie von etwas

Unwahrscheinliches überrascht, wenn in seinem Zustand der Scham könnte passieren, etwas noch unwahrscheinlicher als jemals bisher geschah. Historische Firma das Schweigen zu brechen, das bereits sterblich war, drücken Sie die Tür, die offen zu sein schien. Ein Mann, wie stark sie auch sein mag, band seine Füße und Hände, mit Ärmeln und Kapuze über den Kopf verliert jegliche Kreativität, so konnte es nicht sehen, dass die Tür war nur angelehnt die ganze Zeit. So Arzt, noch atmete, fragt diese heiser und wütende Stimme des letzten Dialogs. Sie wollen das hinter auf einmal zu bekommen. , Sagt der Philosoph Arzt, jetzt eisern entschlossen. Calm Arzt. Zu sterben keine Eile benötigen, ist es das Ende von allem, nicht wahr? Der gesunde Menschenverstand sagt, dass zu sterben ist nur lebendig. Dann haben wir noch keine Anweisungen zur Lösung seines Falles. Wir kamen zu wissen, wie sich geht, und außerdem Essen, brachte Ihnen ein Genuss. Wir werden Futter und Wasser hier auf der Seite zu verlassen, nachdem wir verlassen ist, dass Sie essen und trinken können. Lassen Sie uns zu lockern seine Füße und eine Hand, die man will, links oder rechts? Fahren Sie mit der Haube, können wir nicht riskieren, um in der Zukunft erkannt werden. Nur die Stimme nicht geben uns, wo immer wir wieder hier, so hören unsere Schritte, Bootshaube, so gar nicht wollen, mich zu treffen, wäre ein schlechtes Zeichen, wäre in der Tat zu töten. Sei ruhig, Arzt, bis ein wenig besser Ihre Situation, weiß nicht, aus welchem Grund, aber wir bestellten ihn verhungern, zumindest für jetzt, nicht zu lassen. Aber wenn ich Sie fing an zu beten, denn Ihre Zukunft sowieso, unabhängig von der Reihenfolge von oben kommt nicht sehr gute Sache sein. Dr. worden Einmischung, wo es nicht sollte? Beten Sie, wie man betet, sagen sie diese reiche und gut ausgebildete Menschen nicht an Gott zu glauben. Sagt ein anderer Hijacker, weniger gesprächig. Und wieder herrscht, dass tödliche, unheimliche Stille. "Bestellen Sie auf", dieser Ausdruck zeigt eine servile, U-Haltung, die, die sich um unwürdige Art der Dienstleistungen, immer bereit, das Chaos aufzuräumen von Feiglingen, die nicht kaltblütig, um seine Feinde mit seinen bloßen Händen laufen haben zu leihen. Der Sarkasmus der Banditen, die bis dahin nicht aufgedeckt hatte, ließ der Arzt ein schreckliches Gefühl der Panik, in den Händen brutal gefährlich sein, und ihre Entführer, sondern als gedacht, gewöhnliche Männer? Aber der Nervenkitzel bald verblasst mit dem Angebot einer heißen Platte von Lebensmitteln, die den Überblick über die für einen müden Körper von Hunger und Müdigkeit entfielen verloren hatte. Offensichtlich sind die praktischen

Dinge des Körpers, die gemeinsamen Bedürfnisse aller
Menschen, frei oder Gefangenen, wie Essen und Trinken, immer
gewinnen die Anliegen des Geistes, war es dringend notwendig,
so dass er zu füttern den Körper, so dass der Geist könnte die
Kraft zu haben, Grund zur Geburt eine Idee der Befreiung zu
geben. Dieser Geist, die Seele, der Mensch ist eine Vielzahl von
physiologischen Bedürfnissen, gibt es keine logische daher in
der Lage, diese Hellsichtigkeit des Fleisches zu gewinnen, stirbt
der Körper ohne Nahrung, bevor die Seele gehen um zu fliegen.
Es war ein Foul WC im Zimmer, in der Nähe des Bettes, serviert
auf die Bedürfnisse sowie Spucknäpfe, jetzt mit Fuß und eine
freie Hand, könnte strecken, um den provisorischen Toilette, die
damit fertig war, um durch entführt Host zu erreichen lang. Der
Arzt roch wie ein Stinktier, aber nicht in der Lage, um zu baden,
da das Waschbecken war auf der anderen Seite der Kabine.
Übersetzung für Kabine: Kleines Zimmer; sehr kleines Zimmer.
Religiöse Zelle.
Nachdem es lässt die bösen Jungs, das Festhalten an ihre
Richtlinien, der Arzt auf der Suche nach Nahrung, aber nicht
finden können, dann löst booten Sie die Haube des Kopfes, das
Sonnenlicht, das von einem Glas, das in Ziegelform gebracht
wurde, überschreitet, in Fensterplatz, und diente als ein

Leuchtturm, um Licht während des Tages macht betäuben, ließ ihn Müdigkeit in seinen Augen, die Zeit dazu geführt, dass übergeben, ohne zu sehen, jedoch schnell einen Teller mit Essen und eine Plastikflasche Eiswasser finden . Unnötig zu die Art der Nahrung, die dem unglücklichen führte zu beschreiben, aber für diejenigen, die für Tage ohne zu essen, würde nicht im Einklang schärfen kritisches Denken zu tiefe Analyse ihres Elends zu sein. Deshalb aß wie ein räudiger, hungriger Hund, die spielen war ein bisschen kalt. Ein voller Magen fühlte sich allmählich seine körperliche Kraft zurück, aber die Ideen waren noch trübe, konnte nicht eine Lösung für Ihre Freiheitsberaubung zu erreichen, noch aus dem Grund, die ihn dazu geführt. Die im Auge behalten Erinnerungen waren nur die guten Dinge, die vor allem mit ihren meisten fleißiger Student der Tage, die in der Kindheit der Kinder lebte lebte, als die Frau ihren verbleibenden wenigen archi Erinnerungen, nur ein bisschen, Zeit, Leben schien zu zielen. Es ist der Instinkt der Menschen, die noch nicht in Intelligenz, wie ein genetischer Code, die sie in schlechten Zeiten zu vergessen zu machen, wird die natürliche Widerstandskraft für das Überleben voraus ignorieren Vergangenheitsformen Tatsachen außerordentlich schmerzhaft.

Durch die Stadt, der Journalist, der für die Befragung der großzügige Geschäftsmann gewesen war, der barmherzige Samariter, bekam eine Audienz mit dem reichen Vater des jungen Mannes, der die unglückliche Familie lief durch einen Bekannten, erzielte in einem Restaurant im südlichen Teil der Treffen, das Interview.

Guten Tag, wie geht es dir? Ich bin ein Journalist aus der lokalen Zeitung, telefonisch verabredeten wir uns heute früh über das Interview. Hallo, du in Ordnung? Alles, was wir hier reden, oder wollen, um zu bekommen, um einen Kaffee zu bitten? Nein, wir können hier bleiben, ich suche das Meer erinnern, mein Sohn. Er liebte es, hier mit seiner Mutter als Kind kommen. Sie brachte ihm hier, um das Meer und die untergehende Sonne zu sehen. Ich konnte nie jeden Tag zusammen Ich komme hierher, um irgendwie zu retten, die Zeit verlor ich komme jetzt. Aber lassen Sie uns an die Arbeit. Was wissen Sie wirklich über mich? Nun, las ich über den Unfall mit Ihrem Kind und Familie Vorort, einen Todesfall. Entschuldigung. Danke, aber wie kann ich sinnvoll, der lokalen

Zeitung zu sein, erzählte mein Unglück? Es wäre interessant, um seine Geschichte zu erzählen. Sie sagen, dass Sie in eine Art von Good Samaritan, modern natürlich, das Geld den Armen verteilt gedreht, ist das wahr? Nicht so meine Liebe, was ich tue, ist nicht die Aufmerksamkeit der Leute zu bekommen, noch die Medien, nur versuchen, ein wenig Hoffnung für diejenigen, die Grund zu leben verloren haben, zu geben.

Nach dem Vergleich mit dem barmherzigen Samariter ist nicht fair, ist der Kontext, Feuer, es ist nicht am Straßenrand Unfall wie im alten Israel passiert. Meine Arbeit ist gut organisiert, sollte es nicht zu geben Almosen an diejenigen, die nicht machen, kann es ein Seil, um aus der Grube des Elends zu bekommen. Ich in erster Linie zu tun Forschung über Menschen, die wirklich Hilfe benötigen, dann senden Sie vereinbaren, auf eine sehr praktische Art und Weise, eine Art von praktischer Hilfe. Aber wie genau funktioniert diese Erleichterung der Arbeit, welche Art von Hilfe bietet und an wen? Ich versuche, die Realität der Menschen wissen, zuerst einen Besuch zu machen, um sicherzustellen, dass sie wirklich fehlen auch helfen, Institutionen, die menschenfreundliche Dienstleistungen wie Pflegeheime und Sanatorien beherbergen alte und Narren, die keine Unterstützung durch den Staat aufweisen, insbesondere solche, nicht zu identifizieren.

Ich verstehe, aber als er erkannte, dass es sich um eine wichtige Aufgabe, wann genau beginnen und warum? Wie Sie wissen, ich verlor mein Sohn in diesem Todesfall, fühlte, was er zu dieser Familie verursacht so arme Menschen und sich selbst schuldig. Er starb infolge des Unfalls. Ich weiß, ich weiß alles, wie es war. Dann fand ich mich keinen Grund, mit meinem armen kleinen Leben fortzusetzen, alle beliebigen Ziel im Leben verloren haben, keine Familie konnte mein Selbstwertgefühl nicht retten, meine Frau verlor ein Teil der Klarheit, und gehen sehr krank, ich verlassen hatte, um im Leben zu tun? Mit genug Geld, um das Leben vieler Menschen zu verbessern, fanden wir Trost in dieser Tätigkeit für meine Leiden Linderung einige der Leiden der Menschen, die es wirklich brauchen. Ich will nicht, Anzeigen, wie die Zeitung nicht mein Name, der nur trug diesen Spitznamen, nicht auf mein Foto zu veröffentlichen, so erzählen die Geschichte, wie ich sage zitieren, habe ich beschlossen, nur dieses Interview zu geben, um andere Eltern wie mich zu warnen leben ohne zu erkennen, den Wert des Familienlebens. Leider muss ich zugeben, mein Sohn hat aus Mangel an

Aufmerksamkeit starb, der meine Aufmerksamkeit. Während es erobert viele materielle Güter, nach und nach verloren, was wirklich war Wert, und ich tat es nicht. Ich gewann eine Menge Geld und machte eine Menge Feinde, so wollen nicht, mich in dieser Situation zu sehen, gab ich mein Unternehmen zu einem vertrauenswürdigen Partner-Manager, die gute Pflege braucht von allem, werde ich nicht wieder zum Leben sofort zu kommen. Und was sind Ihre Pläne für die Zukunft? Zukunft? Mein Freund, ich weiß nicht, was die Zukunft ist, weiß nur dies. Ich entschied mich für dieses Geschenk und jetzt kann ich nicht aus einem edleren Sache denken, dass Sie tun können, um mich von meiner selbstsüchtigen Vergangenheit und feige zu erlösen.

Sie haben ein Projekt, das gelöst werden kann, ein Krankenhaus oder Asyl Sie helfen wollen, können Sie zusammen zu besuchen? Könnte ein paar Bilder davon, wie es heute ist zu nehmen und dann kommen Sie wieder zu sehen, es das Geld aufgebracht richtig, nach all dem ist die bedeutendste Rolle der Presse. Gerade jetzt herausgefunden, dass ein Hospiz für alte von der Familie verlassen kümmert sich bereits sicher, ihre wirklichen Bedürfnisse gemacht, planen, ihn persönlich heute zu besuchen, sobald Sie den Nachmittag, wenn Sie frei sind können wir zusammen gehen. Aber ich weiß nicht erlauben jede Art von Prahlerei über meine eigene Arbeit oder die zeigen, wie vor und nach diesem Asyl vorgeschlagen, jedoch, wenn Sie entlang gehen kann. Ich habe ein Team, das einen Überblick über das, was getan werden kann, um den Schmerz des unglücklichen Armen zu erleichtern macht. In diesem Asyl, ich informiert bin, sind meist alte Mütter, die dort mit ihren eigenen Kindern in Verkehr gebracht wurden. Wie kann man die Mutter verlassen, um andere zu kümmern, das ist sehr verrückt, sehen nicht normal, meinst du nicht, es ist verrückt? Natürlich, es ist verrückt, ist Elend eine Art von Wahnsinn, von denen, die viel auf Kosten von jemand anderes Unglück verursacht haben, aber wir können nicht leugnen, dass es Menschen gibt, so elend, die tun es nicht aus Trotz, weil sie nicht einen anderen Ausweg haben. Sie haben gelernt, der Selbstmord, in der Zeitung, ein Mann, der aus einem Gebäude vom Stadtzentrum entfernt sprang gegeben.

Ja, über die ich lese, ich glaube, das war am selben Tag mein Sohn. Wie auch immer, Sie wissen. Es war wirklich, nicht erkennen, dass war miserabel pauper, hatte keine Familie, merkwürdig, wenn es nicht wahr? Weder die Polizei interessierte sich für ihre Identität, etwas über ihn, vielleicht sogar ein Einzelgänger zu entdecken. Niemand ist ganz allein in diesem Leben, sie nicht in die Welt durch Grübler kommen, auch diese elende sollte jemand nach oben oder unten zu haben. Vielleicht, aber lassen Sie uns zum Herrn zurückzukehren, habe ich etwas anderes wissen auch. Fühlen Sie sich wohl, fragen Sie, was Sie wollen. Könnte mich seiner Frau vorstellen, würde Ich mag, um Ihnen ein paar Fragen stellen, wissen Ihre Gefühle über alles, was im Leben des Paares passiert. Es wäre sehr bereichernd, seine Aussage zu meinem Bericht sein. Das wird es nicht, meine Liebe, zumindest für jetzt, gibt es ein Problem, es ist nicht zu Hause, leben ein paar Tage in einer Klinik, ich kann ihn nicht nehmen, um sie zu sehen, ohne Rücksprache mit ihrem Arzt, so fragen dass im Einklang mit seinem gegenwärtigen Zustand, es fehlt emotionalen Struktur, zumindest im Moment, um über das Geschehene zu sprechen. Es gibt ernsthafte ärztliche Empfehlungen, sagen wir sehr ernst sogar, damit sie wiederhergestellt werden kann, körperlich und emotional. Sie müssen zugeben, lieber Reporter, um über all das zu diesem Zeitpunkt sprechen, werden die ernsten Probleme zu bringen. Gut. Er nickte den Journalisten, aber es war ein verwirrt sowohl, mit übertriebener Pflege ihres Mannes Geschäftsmann.

Der Eindruck, den wir hatten, der Journalist war, dass dieser Mann jemanden, der das Leben in sehr zerbrechlich Saiten klammern, diese Entschuldigung, die anderen helfen, ihre eigenen Grund für das Leben könnte nicht ein guter Ausdruck der Liebe für das Leben zu finden versucht. Auch weigert, seine Frau zu präsentieren schien nicht sehr normal, obwohl natürlich die ärztliche Empfehlungen, schien es, dass da war noch etwas in der Luft, eine Art von Vorurteilen bei der Aufdeckung seiner Frau, die nicht sehr gut Urteils gehen wollte. Es ist notwendig, eine Änderung hier zu machen, zu erklären oder eine faire Verteidigung der psychologischen Bild der Unternehmer, der von dem Journalisten überbewertet worden waren. Es ist bekannt, jenseits der gesunde Menschenverstand, dass ein Journalist hat immer eine abnorme Misstrauen, vor allem, wenn wir vergleichen, ein Journalist mit einer gewöhnlichen Person, die nicht gehen um sich untersuchen das Leben anderer. Wie auch immer, hat der Journalist seine Mission, die ihm der Chefredakteur gegeben, zu finden und zu interviewen die verzweifelte Vater des straffälligen Sohn, der über eine Familie in einer tragischen Situation gelaufen war erfüllt.

Natürlich lehnte der Journalist der Einladung, um die Asyl mit dem Unternehmer besuchen zusammen, und wenn er es tat, war, weil er gewarnt worden, dass er nicht preisgeben konnte, wie die gewünschten Aktionen und fotografieren das Asyl vor und nach Erhalt der Hilfe vom barmherzigen Samariter.

Die Sache war hervorragend, sagte Chefredakteur. Wir werden am Sonntag, zu veröffentlichen. Nach lobte die Journalisten, das Interview mit dem barmherzigen Samariter jedoch Zweifel an der Grund für die nicht ein Bild bekommen, um die Angelegenheit zu veranschaulichen, aber bald akzeptiert die Argumente der Journalist, der reale reicher Mann das Ermessen der Grund erläutert, wollte nicht, Menschen kamen nach ihm und ging nach Christus, als sie erfuhren, dass er Wasser in Wein verwandelte und mit ein paar Broten gespeist fünftausend Männer.

Matter of Sonntag, wurde die lokale Zeitung von allen, die jetzt hier atmen, mit Ausnahme der Mutter der Selbstmordattentäter, die nicht lesen konnten, sowie das Kind tot ist, eine Tatsache, dass sie ignoriert zu lesen. Die Prostituierte, mit medizinischer Hilfe war zu besuchen, diese selben Wochenende zwei Pflegeheime, aber diese konnten keine Dame, die die Mutter von ihrem toten Geliebten, eine Tatsache, dass sie noch weiter zu ignorieren könnte.

Unterdessen während der Woche, markiert die Polizei eine weitere Begegnung mit der schönen Dirne, kamen sie wieder, diesmal in ein Motel im Norden, und hier finden wir die zwei süßen diesen ständigen Dialog.

Ich hätte nie gedacht, dass das zweite Mal war so großartig, wie war der erste, er hat mich überrascht, sah schöne Mädchen der schönen schwarzen Augen. Der Offizier sprach diese Worte, als er strich das Haar der Prostituierten, die zum Baden hatte, war seine auch schwarzes Haar noch weicher und duftenden, wenn naß. Gut, dass Sie es von mir gefallen, denn ich, da dies unser erstes Date zu leben, zu denken und erinnern Sie sich. Obwohl angenommen wird, dass es ein drittes Mal. Warum ist das so? Es wird nur noch ein, wie viele Male sein. Mild, natürlich, Sie wollen mich nicht mehr wie ein Liebhaber, denn das ist, wie ich mich fühle an seiner Seite. Übrigens, ich bin nicht komfortabel mit, um ihre Zuneigung zu zahlen. Ich Ihnen sonst helfen wollen wirklich, ich will nicht, um uns auf diese Weise mehr als Kunden zu finden. Das nächste Mal möchte ich in meine Wohnung zu gehen, schließlich bin ich

Single, was ist das Problem, das wir dort treffen? Ich sehe kein Problem, aber ich kann nicht vergessen, die Gründe, warum ich dieses Leben zu nehmen, ich sage das, weil ich bin Hure, ich brauche Geld, und ich sehe nicht, einen anderen Weg, es sei denn, diese Art und Weise zu gewinnen, mit meinem Körper, wie es ist Ich habe mehr wert. Er sagte es und fiel in Snickers. Okay, du bist der Chef, aber ich werde ihn immer noch bezahlen, nur ihn zu bitten, bei mir zu Hause zu treffen, okay? Also gut, wie Sie möchten, so dass wir zusammen. Aber sagen Sie mir mehr über Ihre Arbeit. Als sie ihre Forschung zu gehen, ich wollte über eine solche Entführung, dass berühmte Arzt wissen, irgendwelche Neuigkeiten? Nein, nichts Neues, ich glaube, es war ein professioneller Service, Sie wissen, gibt es gang spezialisierte, meist Polizisten alten, die sehr gut zu tun, diese Dinge, lassen Sie die Spur, wir sind Kratzer, nichts Neues, und es sieht es schon Wochen, vielleicht Diese unglückliche nicht mehr am Leben sein. Schlechte Arzt, sagte die Prostituierte, mit wirklich schade, nicht weil er Mitleid mit den Arzt, sondern weil sie den Arzt, Freund, der die Tatsache der Lehrer Freund gefiel fühlte.

Der Offizier war Single, im Alter von 40 noch nicht den Reizen einer Ehe kapitulierte, war immer wie eine Frau Prostituierten getragen, aber dafür war sie verliebt Tat, einfach durch lud sie in seine Wohnung, aber das bedeutet nicht sagen, dass es an diesem Punkt im Leben waren, eine Frau zu wählen, eine Frau von Easy Virtue. Wir können halten auf der Hand, dass dies, was passieren wird, so dass das dritte Mal, das vierte Mal, und vielleicht das fünfte Mal, wenn er sie jemals bitten, ihn zu heiraten schließen, das, weil es ist ein Test über den Wahnsinn wäre positiv zu begründen.

Die Prostituierte und der Offizier wieder zu treffen, da getroffen worden war geben Sie ihnen, ihre Verabredungen nun, ob es in der Wohnung die Polizei, die Wohneigentum und finanziellen Bedingungen hatten, für die gute Arbeit, die sie hatten, um eine Frau zu halten, auch wenn Luxus, wie war unsere schöne Prostituierte. Aber seine Liebe zu sich regelmäßig und immer notwendiger, nicht zu teuer, um menschenwürdige Polizei kostet. Beide wurden im Zusammenhang, nach einiger Zeit als wahre Liebhaber und leidenschaftliche Liebhaber.

In Gefangenschaft wieder, nach Tagen ohne Anhörung eine menschliche Stimme, erhält der Arzt einen Besuch von seiner stillen Wächter. So Arzt, hat sich in den letzten Tagen gemacht? Wir haben Ihnen Ihr Essen, durch einen Boten, die verboten ist, um Worte auszusprechen, und keine verbalen Kontakt mit Ihnen, dies ist auch die Reihenfolge, von oben, aber ich muss Sie warnen, dass bald werden wir Änderungen in Ihrer Situation. Aber heute haben wir gewähren Ihnen einen Leckerbissen, nehmen Sie Ihre Kleidung, weil wir Doktor Bad zu nehmen, nicht, weil wir keine Rücksicht auf ihren Zustand des Elends und des Verfalls, aber brachten wir ihnen neue und saubere Kleidung, werden wir auch mit Ihnen dieses Radio zu verlassen Zellen, so dass Sie einige Unternehmensform haben, das alles nach oben, um ist, dass man nicht verrückt. Der Arzt setzte sich, seine Hand immer noch angebracht, nahm seine Kleider, und mit der Hilfe von einer der Entführer, noch mit Kapuze, fühlte sich frei, dann wurde es in ein Bad, das nächste war gedrückt, aber noch nie gehört ihre Existenz. Jetzt kostenlos, er eine Dusche, die nicht in Erinnerung ist, wie es war alles sehr schnell, und die Kapuze über den Kopf nehmen konnte, traf der Arzt die Stimme um, die in der Tür stehen blieb, kümmerte sich umziehen und kehren bald an seine

Gefangenschaft. So war es auch dieses Mal nur einen Spaziergang gebunden. Die Männer sind weg und ließ den Arzt sauber und mit einem Radio, um die Nachrichten der Welt, wer weiß, etwas über die Untersuchung seiner Entführung zu erfahren. In dieser Situation, da die Hoffnung, ihre Augen und Herzen zurückkehrte, konnte alles mögliche sein, habe dieses Relief auf seiner beklagenswerten Bild nicht viel bedeuten, war es immer noch ein Gefangener und Geisel Wer hätte nie erraten.

Das Radio würde eine einzige Funktion haben, dienen als Ermutigung, vor allem als ein Symbol, eine Menschheit von Referenz, aber der Arzt, sobald er wieder allein war, stellte das Radio an und suchte ein UKW-Sender, die klassische Musik spielte, und hatte die Illusion, das war in seinem eigenen Haus in seinem gemütlichen Büro, hörte Wagner, Beethoven oder Bach Sebastain. Immer noch eine lebhafte Phantasie, und die Musik, die in deinen Geist, fühlte der Arzt echte Ruhe und Komfort, die nicht von denen, die nicht die gleichen kognitiven Erfahrungen haben verstanden werden kann.

Auf der Polizeistation wurde der Polizeichef so sehr fasziniert, wie der Arzt entführt, da sie nicht alle diese Stille über den Fall zu verstehen, in der Forschung hatte keine

Anhaltspunkte gefunden. Nach einem Blick auf die Datensätze des Monates, fragte er die Mittel, seine unmittelbaren Berater. Meinst du nicht, wir sind total in diesem Fall der Entführung des Arztes, weil bisher nichts herausgefunden, über den Fall verloren, wissen Sie, dass der Sicherheitssekretär rief mich an diesem sehr frühen Lade Ergebnisse sprachen für den Ersatz der Befehl von diesem Fall, den Austausch Kinder, ich bin zu übertragen, wenn wir nicht diesen Fall noch in diesem Monat zu lösen. Doktor zieht das Leben, das ist sehr ernst, ehrlich, ich glaube, eine große Ungerechtigkeit zu Ihnen. Aber wir werden daran arbeiten und neue Schritte, irgendwelche Kabel möglicherweise nicht angezeigt. Du hast Recht, wir werden die Ermittlungen zu intensivieren, weil sie nicht wollen, um wieder in die Vororte, wo ich herkomme gehen. Wenn Sie auf meine Unterstützung werden Sie nicht in die Vororte zurück hängen, werden wir unser Möglichstes tun, um diesen Fall aufzuklären. Das heißt, auf diese Weise, der Delegierte konnte erleichtert atmen, weil ich wusste, dass ich auf dem besten Agenten zu zählen und zu hoffen, es könnte schließlich den Fall des entführten Arzt lösen. Ich werde die Frau des Arztes rufen, um zu versuchen, ihn zu beruhigen, denn das hat mich jeden Tag genannt, mit dem gleichen Anliegen fair. Diese Frau ist eine gute Frau, und gewidmet, so die Delegierten, um den Dialog mit Ihrem Agenten zu schließen.

In diesem Stadium der Ereignisse und Fakten mit so viele Probleme zu lösen, kann der Leser fragen. Nach der Erzähler wird oder nicht zur Verfügung stellt irgendwelche Hinweise über die Identität der Entführer oder sein Kunde? Obwohl, wie durch mehrere Quellen angegeben, dieser Aufsatz beabsichtigt nicht, ein Bestseller zu werden, also lasst uns nichts über die Psychologie der Figuren zu tun, jedoch wird sich darum bemühen Leser in der Lage, diese einfache Rätsel zu entziffern. Wer wäre daran interessiert, die Entführung des Arztes? Vielleicht ist mit dieser Frage bin ich jetzt mit dem Leser den Vorteil des Zweifels. Allerdings dürfen wir nicht vergessen, dass wir in einem Umfeld, wo wohnt mit Nachdruck Wahnsinn, dann Interesse kann nicht gelesen werden, wie aus diesem verrückten Kontext zu lesen.

Der reiche Mann, der barmherzige Samariter, ist eine Pause von ihren altruistischen Aktivitäten und steht im Einklang mit der Frau in der Klinik, wo sie wochenlang im Krankenhaus ist, es kommt aus vom Arzt erhalten, seinen alten Bekannten, die Sie von eine geringe Verbesserung sichergestellt, seine Frau.

So Doc, wie ist meine Frau? Wenn ich nicht gekommen, vorher war wegen seiner eigenen Empfehlungen, aber jetzt glaube ich, gibt es kein Problem, Sie zu sehen, habe ich recht? Natürlich können wir heute besuchen sie, komm schon, sie ist im Garten ist heute ein schöner sonniger Morgen, und sie ist da draußen mit seinen Bildern, als auch, zur Malerei zurückkehrte, vor drei Tagen fragte sie mich, Bürsten und Tinte, um seine Bilder zu komponieren, ich wusste nicht, dass sie so viel Talent hatte. Ja, Doktor, sie ist sehr talentiert in der Tat, wenn ich sie traf sie gemalt, aber mit der Zeit wurde es Fallenlassen der Hand, ich glaube es war wegen der Hausarbeit, Hausfrau, nachdem ein wenig Zeit für diese Roben. Ich denke, dass Elternschaft immer an erster Stelle, vor allem für Frauen, und sie hatte die wahre Anbetung des einen Sohn, mit unserem Sohn.

Hallo liebe, wie geht es dir? Sie bat ihren Mann nach Beobachtung für einen Moment den richtigen Handbewegungen Frau auf einem Bildschirm, wo sie malte ein Bild von einem Kind in den Armen einer schönen Frau.

Dann, nachdem starrte Malerei als mehr Sorgfalt wurde festgestellt, dass die Mutter des Rahmens gesäugt für das Kind.

Die Frau bemerkte nicht, seine Gegenwart und hörte seine Frage, ob es ihr gut ging. Danach ihrem Mann näherte sich der Frau und küsste sie auf die Wange, oder so wandte sie ihre Aufmerksamkeit auf das, was sie tat.

Tödliche Verschwörung hatte zwar große künstlerische Begabung, das Bild malte er war ein treuer Darstellung eines Bild, das sie genommen hatte, als sein Sohn war gestillte Kind wurde ihr Mann bewegt und konnte die Tränen, die sein Gesicht badete nicht halten Doch nach einiger Zeit in der Stille neben seiner Frau, entschied er sich zu verlassen, war aber froh zu sehen, dass seine Frau, wenn auch noch in ihrer Welt geschlossen ist, nicht mehr zurückgehalten die Aufregung der zuvor, als nicht ins Krankenhaus eingeliefert, dann glauben, vor allem den Rat des Arztes, der bald seine Frau konnte aus der Erstarrung, die bestanden zurückzukehren.

Verlassen der Klinik, kehrt der barmherzige Samariter-und fällt in einen tiefen Traurigkeit und Einsamkeit, entscheidet sich für die jetzt mit ihren philanthropischen Aktivitäten zu stoppen. Zurück zu den im Speicher rollen die Vergangenheit, als die Familie lebten zusammen in der Tat, Eltern und Sohn, während immer noch unter täglichen Mahlzeiten zusammen. Dann nahm er einen Holzbehälter, der alte Familienfotos gehalten wurden, nach der Überprüfung alte Fotos unter allen, die fanden, dass die meisten erregte seine Aufmerksamkeit gerade das Bild, das seine Frau malte Gartenhaus der Klinik. Auch hier können die erstaunliches Talent seiner Frau jetzt mit Foto in der Hand zu sehen, könnte ich sagen, dass die Darstellung war fast perfekt. Das Bild wurde am Tag, dass seine Frau aus dem Krankenhaus mit ihren ersten und einzigen Sohn in seinen Armen wieder aufgenommen, sie wusste, dass jetzt tot, und dem Vernehmen nach in seinem aktuellen depressiven psychologischen Rahmen zu sein, außerhalb seine Schuld, dass sein Sohn starb, weil glaubt, vor allem jetzt, dass ihm nicht die notwendige Betreuung zu geben, um nicht eine echte jugendliche Straftäter zu werden.

Es war zu spät, um umzukehren, Zeit ihn nicht gewähren diesen Gefallen, und das Leben, was es ist, kurz und unbeständig, auch in unserem Essay über Wahnsinn kann preterit Aktien nur durch die Speicherfunktion besucht werden. So der barmherzige Samariter, und hat sogar eine Drehung um in ihre Lebensweise getroffen, konnte er nicht loswerden der Reue, die Durchführung in Bezug auf das tote Kind. Das ließ ihn kümmern sich um die kranke Frau, und was ihn am Leben gehalten, ihre freiwillige Nächstenliebe. Die Zeichen dieser Grundstück subjektive Wahnsinn, der barmherzige Samariter zu sein, das klarste, zumindest in diesem Punkt in der Geschichte, aber wenn wir akzeptieren, ihre depressive Argumente, dass es wirklich die Hauptursache der emotionale Kind Ungleichgewicht, müssen wir zugeben, gebieterisch dass er in der Tat war die verrückteste aller Geister, die hier leben. Und er, in unbewusste Weise, die Ursache, die zur Entfaltung der Tragödie mit der Familie aus dem Park kommen, und vor allem die Ursache für vorzeitige Kind Tod geführt. Hier haben wir eine einfache Feststellung von Ursache und Wirkung. Wir werden jedoch nicht so grausam zu barmherzigen Samariter zu sein, sollten wir keine Schuld nicht zurechnet für den tödlichen Schicksal der fünf Seelen, die diese Szene so abrupt und vorzeitig verließ.

Während seines Aufenthalts zu Hause, Unternehmer, hier sind es gewohnt, es vom barmherzigen Samariter nennen, rief seine geschäftsführender Gesellschafter, um zu wissen, die, wie die Dinge in Ihrem Unternehmen geht. In der Tat bemerkenswert ist jedoch zu beachten, dass die geschäftsführenden Gesellschafter hatten nur 10% der gesamten Kapital vom barmherzigen Samariter, so war es üblich, dass auch dann, wenn aus dem Amt des Präsidenten, diese vorübergehend, benötigt diese Herren gelegentlich zu treffen stellen bestimmte Dinge in ihren richtigen Plätzen.

In diesem speziellen Treffen, sprach nur von Geschäfts die beiden Reichen, aber zu einem bestimmten Zeitpunkt, fragte ihn der geschäftsführende Gesellschafter diese Frage. Wie geht es Ihrer Frau, erholt? Ich glaube schon, heute war mit ihr, und ich war ein wenig aufgeregt, denn nach seinen medizinischen es kommt langsam wieder zurück zu unserer Wirklichkeit aber nicht ein Wort sagen, während ich dort war. Ich verstehe nicht, wie diese psychisches Phänomen, weiß nur, dass sie nicht verrückt ist, dann ist es nur eine vorübergehende Störung, eine Sperre für die unersetzlichen Verlust unseres Sohnes. Das ist, was mir zu versichern, Ihren Arzt, der ein Freund der Familie und sehr kompetent auf sie ist. Also ich drehen Sie es wirklich gut bald erhalten. Er nickte der geschäftsführende Gesellschafter, und dann wurde sich zu verabschieden, wenn das Good Samaritan gebeten. Und seine Ehe mit der schönen und intelligenten Arzt, wenn wird es? Der geschäftsführende Gesellschafter sprach zu ihm in breitem Grinsen. Wird zu Beginn des nächsten Monats werden, haben wir bereits gesandt

Sie eine Einladung. Danke für Ihr Interesse, ich weiß, Sie haben nicht zu Partei zu der Zeit den Kopf, aber ich würde sehr geehrt, wenn das gerade vorbeigehen werden. Ich werde alles tun, um sie zu ehren, ich muss alleine gehen, aber werde mein Bestes tun. Vielen Dank, ich wäre mir eine Ehre, nun muss ich gehen. Na gut, wir sehen uns bald. Dann war der barmherzige Samariter wieder allein mit ihren schmerzlichen Erinnerungen.

Der Arzt tat alles, um zu helfen Prostituierte zu finden einen Hinweis über den Verbleib des selbstmörderischen Mutter, aber, wie man jemanden, der hat noch nicht einmal einen Namen oder ein Foto zu finden, nur wusste, dass sie in einem Asyl leben könnten eine große Stadt, obwohl sich diese Informationen weitergegeben, sich durch Selbstmord zu prostituieren, konnte sich nicht vorstellen, dass mit nur diese kleine Strecke konnte den Erfolg bei der Suche nach unbekannten Mutter von Ihrem Ex zu erreichen. Liebhaber. Wir sagen, ex. Liebhaber, weil wir bereits wissen, dass die Prostituierte hatte sehr früh die tödlichen Schlag, das Verschwinden von Bett gut kochen und reden, aber dieses Interesse an der Suche nach der Mutter des toten Geliebten war immer in der Zeit verloren, denn er war in der Tat glücklich mit Ihrem erholt Neufund, mit ihrem neuen Liebhaber, der Offizier, der sie wie eine Königin behandelt.

Sagt liebt Frauen, die weniger intensive als die der Männer, und das als eine Witwe, besonders wenn es neue und schön ist, wird es viel schneller zu heiraten als Männer bleiben für jeden einzigen Grund. Dann war der Arzt jetzt zu beschäftigt, um die Vorbereitungen für seine Hochzeit mit dem geschäftsführenden Gesellschafter zu organisieren, da mit der Entführung seiner alten Liebhaber, der Lehrer geschätzt, die sie brauchte, um seine praktischen Leben vor zu berühren, konnte nicht ins Wanken geraten, und hat Wetten, dass sein alter Freund wirklich tot war, denn mit jeder Anstrengung von spezialisierten Polizei konnte nichts finden, jeder Anhaltspunkt über ihren Aufenthaltsort, lebend oder tot, und da er ein weiser und vernünftige Seele, müssen wir die Toten zu begraben die ihre Toten. Ich würde zu heiraten, und diese Zeit war für die enthüllt, was wirklich zu seinem alten Liebhaber, Freund passiert ist.

‚Aus heiterem Himmel, eines Tages die Hure bittet jedoch den Arzt, um zum letzten Asyl zu gehen, das war auf der Ostseite. Der Arzt, wenn auch damit beschäftigt, wie wir sie kennen und heiraten Routen, folgten der Einladung der Prostituierten, und eine zweite Messe fahren, um die Selbstmord Mutter zu treffen.

Dort, nachdem er in jedem Zimmer, mit der Hilfe von einer Krankenschwester, geben, um eine Dame, die die Korridore des Asyl ging summend ein Volkslied, das Lied hat etwas Vertrautes, dann die Prostituierten ging etwas mehr und bat für die Dame, die sang. Wie beurteilen Sie nennen? Aber die Frau ignorierte ihn jedoch weiterhin das gleiche Lied ohne Unterbrechung singen. Das ist, wenn die Schwester griff ein und sagte. Diese Dame hat sich in letzter Zeit mit niemandem gesprochen, obwohl es nicht ändern, denn wie gesagt, sie singt und nicht sehr schlecht zu singen, weil in der Regel die Nacht zusammen genug Leute, um ihn singen hören, obwohl sie weiß, dass nur diese gleiche Lied Ich erfuhr von einem Freund eine Dame, die dieses Lied war das Lieblingslied von Ihrem Kind, dieses Kind, das hat ihn lange nicht besucht.

Die Prostituierte ist begeistert, weil Sie denken, dass diese unbekannte Frau könnte die Mutter seiner selbstmörderischen Liebhaber. Und dann bitten, pflegen Sie ein wenig mit der Frau zu sprechen, so spricht die Schwester der Frau, die immer noch sang und sagt. Kein Einsatz, wird sie nicht sprechen, es ist wie mit Schock für einige extremante schmerzhaften Ereignis. Alle Anstrengungen vergeblich gewesen, die Frau nicht sprechen würde jedem. Die Prostituierte, um nichts in der letzten Asyl versagt hatte, auch wenn er die Hilfe von einer Krankenschwester hatte. Jedoch ohne Erfolg, weil die Frau nur gesungen, vergessen oder beschlossen, nicht mehr mit jemandem zu sprechen, und würde nicht so einfach sein, Sie vom Gegenteil zu überzeugen. Aber von dem, was wir gesehen haben, gibt es eine große Möglichkeit, dass Frauen mit der Mutter des Selbstmord Koch. So entmutigt, entscheidet die Prostituierten zu gehen, aber vor dem Verlassen Frage zur Krankenschwester. Wie war der Sohn der Frau? Ich denke, dass Sie bereits während der Besuche er Mutter machte vor dem Verschwinden gesehen haben. Er war ein einfacher Mann, ich glaube, ich war krank, war etwa 40 Jahre, wenn ich mich nicht irre, aber, warten Sie, ich glaube, er war ein Koch, wie immer hatten gutes Essen für die Mutter, sagte, alle der Mutter Freunde, die war die Restaurant oder Hotel, wo er arbeitete. Jetzt die Prostituierte lächelt und sagt, das ist die Mutter meines schöne Köchin, aber das zählt, sie wurde wütend und kann nichts tun, um mich zu finden. Es ist Freund, sagt der Arzt, haben wir nicht irgendetwas anderes zu tun, lass uns gehen, Einladung angenommen und ging bald weg Asyl, medizinischen und desillusioniert Prostituierten allerdings ein wenig erleichtert, weil es nicht hinter einer Frau zu Fuß unbekannt mit der er viel gemeinsam.

Welche Art von Nachricht gibt es in dieser ungewöhnliche Szene, einer Frau, die verrückt, ohne zu wissen, der seinen Sohn verloren geht, aber wie wir gesehen haben früher in diesem Drama, Weg zurück in den Selbstmordszene, wenn der Körper war immer noch auf dem Boden, von neugierigen umgeben der Leser muss eine Frau, die plötzlich erscheint unter der Menge, und fährt fort, um den Tod zu beklagen, als wäre es sein eigener Sohn war zu erinnern. Nun, es mag, dass hier zu sein ist der Schlüssel zu diesem Rätsel oder des Erzählers Halluzination, kann es eine Mutter Materialisierung von Selbstmord, der Abschied von dem toten Kind Gebot kam zu sein. Nach dieser Vision, sie nicht mehr zu jedermann sprach, vielleicht nicht auf solche auffallende Wunder offenbaren.

Jetzt ist Hochzeitstag des Arztes mit dem geschäftsführenden Gesellschafter, ist von geringer Bedeutung die Zeit in diesem Essay über den Wahnsinn, passieren Dinge chronologisch, aber nicht unbedingt in einer logischen Abfolge und miteinander verknüpft. Die Zeremonie fand in der South Side Kirche, und wer die Ehe war ein Priester, der ein Freund der geschäftsführende Gesellschafter der Familie war tat, kam Familie des Arztes Gewichts, alle Mitglieder, Onkel und Cousins, ein Ereignis, das nicht in vertiefen sollten ihre kleinsten Details, weil es um die Ehe, sind die Menschen müde, zu wissen, wie es weitergehen, vor allem im Fall einer katholischen Ehe. Der Priester macht diese üblichen Fragen, nutzt die Gelegenheit, um eine moralische Natur Predigt, die keine Auswirkungen auf die Gegenwart, die eifrig für Speisen und Getränke sind hat zu machen. Die medizinische dieses schöne, würde jeder, der in einem solchen Fall nur ein Detail erwähnenswert, eingeladen worden war. Der Geschäftsmann, der Sohn des Vaters, der den Familienbetrieb am Anfang unserer Geschichte gelaufen war, war es nicht die Hochzeit, niemand seinen Aufenthaltsort kannte seit dem letzten Gespräch mit Ihrem Partner-Manager.

Die Party war nur für die Gäste, wie das Paar blieb einfach für Mitternacht wurden Reise geplant, aus, um ihre Flitterwochen in der Türkei zu feiern.

Warum Türkei? Der offensichtlichste würde in Paris sein, aber der Arzt war keine gewöhnliche Frau, wie bereits deutlich, und die Türkei etwas Aufregendes, dass sie brauchte, um zu leben. Es wurde sogar recht praktiziert die Landessprache, so lange, weil er wollte, um alles genießen, was das Land zu bieten hatte, und sie verwendet werden, um dem Bräutigam, der während der Flitterwochen war es, die alles über Orte zu besuchen entscheiden würde sagen, Restaurants und Sightseeing, so hatte alles, was zu ihrem Vergnügen geplant. Ein Restaurant, das italienische Küche gehört, die wir als die ersten Orte der Begegnung gewählt haben. Dann, am zweiten Tag war es in diesem Restaurant, wo erlebt das Essen fühlte mich wie es, trank zwei Flaschen Wein, und alles schien perfekt für beides.

Der Arzt hatte nicht einmal erinnerte sich an das Abenteuer, das mit Professor Doktor gelebt hatte. Lachen Wunder, vielleicht für die charmante Atmosphäre des Ortes, so beschloss der Ausgangsblatt einige Zeitungen in den Warteraum des Restaurants, wo sie verwendet werden, um Fachzeitschriften der wichtigsten Städten der Welt zu halten angezeigt. Er öffnete eine, dann eine andere, bis zum dritten, der in Brasilien war, sah mit einem mutigen Überschrift, wo die Sache der gedruckten das Bild des alten Geliebten. Fanden die Lehrer College Arzt, der seit mehr als einem Monat fehlte.

Am gleichen Tag kam es, Ehe des Arztes an den geschäftsführenden Gesellschafter, über Nacht, veröffentlichten sie die entführte Arzt. Eine Postkutsche durch die Delegierten führte, durch Kündigung Nachbarn, die in und aus einem Mann, der jeden Tag für den entführten brachte das Essen mißtrauen begann, stürmte die Polizei der Gefangenschaft befreit und die Armen Arzt, der schwachen, aber klar war, so, während der Arzt war verheiratet, und reise dann um ihre Flitterwochen in der Türkei, zu glauben, dass sie nicht mit ihrem Liebhaber und Lehrer zu treffen. Bereits hier im Hause des Arztes entführt in seinem Haus war auch die beiden, den Arzt zu feiern und seine Frau geröstete Freiheit endlich erobert. Der Arzt rief und lächelte in die Arme seiner Frau wieder die liebevolle und sexuelle Beziehung, und von diesem Tag in Betracht gezogen, das Glück, in der Lage, eine zweite Chance im Leben zu erfahren.

Inzwischen hat die Prostituierte und die Polizei, die schon intime bekannt waren, sprach über das Ergebnis der Medizinprofessor Entführung.

So, jetzt alles geklärt ist, ist es wahr, dass Sie bei der Befreiung des Arztes teil, ein Freund meines Freundes? Sagt die Hure beim Abendessen im Haus des Polizei Liebhaber.

Ja teilgenommen, es war sehr schön, diesen Fall aufgeklärt, jetzt mein Job ist sicher, denn wenn nicht im letzten Monat beschlossen würde ich zu einer Polizeistation in der Vorstadt übertragen werden. Er sagte dies lachen verschmitzt und blickte in die Augen der Frau, die von nun an mehr als ein Wochenendprogramm wäre. Wie so übertragen? Fragt die Frau. Ja, meine Liebe, ich habe nie gesagt, aber jetzt muss ich etwas sehr relevant, Ich bin Chef, und nicht ein Mittel, wie Sie dachte immer, zu gestehen. Die Prostituierte umarmte den Offizier und gab ihm einen Kuss, und stumm vor der Tat, als ob nichts relevant gefunden.

Der Selbstmord weiterhin als geboren, ein anonymer, weil, wenn wir brauchen, um zu der Szene zurückzukehren, dies die wohl der wichtigste Charakter unserer Essay über die Verrücktheit zu überprüfen.

Ende

Unfinished in Arbeit, wenn Sie nicht den Leser am Ende wird Ihre ultimative besten zu finden.

Jede Arbeit verdient ein anderes Ende anders aus, was der Autor meint tatsächlich gewählt haben, die Fiktion schreibt nicht weiß, in welche Richtung Sie gehen. Es akribische Vorbereitung, haben wir ein Thema, das zu entwickeln, und wenn wir erkennen, hat die Geschichte einen anderen Erzähler, der uns nicht gehorcht, ist es immer wieder erstaunlich, was wir am Ende produziert. Hier ist, was ich glaube, habe ich geschrieben.

Evan Carmo 2015.01.08

Carmo Evan

Der Test über die Madness

Carmo Evan

Der Test über die Madness

www.ingramcontent.com/pod-product-compliance
Lightning Source LLC
Chambersburg PA
CBHW062042280526
45788CB00003B/1087